Özge M. Kabukçu

Glücksorte in Istanbul

Fahr hin & werd glücklich

Dieses

Glücksbuch

ist für

Liebe Glücksuchende!

„Wenn die Erde ein einziger Staat wäre, wäre Istanbul seine Hauptstadt", hat Napoleon Bonaparte einst gesagt. Zu Recht. Keine andere Metropole der Welt trägt einen solch geschichtsträchtigen Namen. Angefangen mit Byzanz, dann Konstantinopel und später als Istanbul haben zwei Imperien Bauwerke von unvergänglicher Schönheit hinterlassen. Aber weit größer als Istanbuls schöne architektonische Vielfalt ist die Vielfalt seiner Bewohner: Armenier, Griechen, Juden, Genuesen und viele andere prägen bis heute das Stadtbild. Es ist vor allem die Mischung aus Tradition und Moderne sowie europäischen und asiatischen Einflüssen, die sofort ins Auge fällt. Beeindruckend, inspirierend und einfach mitreißend! Mit mehr als 3000 Jahren auf dem Buckel ist Istanbul außerdem eine der ältesten Städte der Welt – und eine der jüngsten. Die Metropole strotzt daher nur so vor Widersprüchen: große, moderne Shoppingmalls neben jahrhundertalten Basaren, futuristische Skylines neben historischen altosmanischen Holzbauten, Minirock neben Schleier – unendlich viele Eindrücke, in denen sich das Glück versteckt! Wo soll man da nur anfangen, wo aufhören?
Am besten, man nutzt alle Sinne, um das Glück auf Reisen zu finden. Ich lade Sie mit diesem Buch zu einer Entdeckungsreise durch diese magische Stadt ein. Dabei wünsche ich viele schöne Glücksmomente und eine erlebnisreiche Reise!

Ihre Özge Medine Kabukçu

GLÜCK

Deine Glücksorte ...

... noch mehr Glück für dich

Ein Genuss mit Kultur

1 Das Café Mandabatmaz

Im Alltag ist der Kaffee vor allem als Wachmacher willkommen. Doch in der Türkei hat er eine uralte Tradition. Entweder trinkt man den Kaffee gemütlich nach dem Essen oder zwischendurch zum Dedikodu-Plausch, also beim Klatsch und Tratsch. So besagt ein türkisches Sprichwort, dass eine Verbindung zwischen Freunden 40 Jahre hält, wenn man mit ihnen seinen Kaffee teilt. Deshalb sollte man Istanbul nie ohne türkischen Mokka verlassen. Die Auswahl an der İstiklal Caddesi (dt. Unabhängigkeitsstraße) in Beyoğlu ist groß. Wer der überfüllten Straße entkommen möchte und einen Rückzugsort nach dem Bummel braucht, ist im Café Mandabatmaz gut aufgehoben. Unscheinbar und versteckt in einer winzigen Seitenstraße der İstiklal Caddesi, verbirgt sich seit 1967 das beliebte Kaffeehaus. Die Inneneinrichtung ist sehr schlicht – ohne viel Schnickschnack. Ein paar Holzhocker, ein blanker Holztisch davor und eine kleine Küchennische, in der der Wirt den Mokka brüht und serviert, wenn man sich auf dem Hocker niedergelassen hat. Die Wände sind vollständig bedeckt mit Bildern, Zeitungsartikeln und Zertifikaten. Die bescheidene Einrichtung lädt zwar nicht zum stundenlangen Verweilen ein, doch eignet sich das Café hervorragend für einen kleinen Muntermacher. Ein Glücksort eben, an dem man kurz entspannen und aufatmen kann, bevor man sich wieder in das Gewimmel von Menschen, Händlern und Touristen stürzt. Eins sollte man wissen: Der Gast wird direkt gefragt, wie süß der Mokka sein soll – im Nachhinein wird nicht gesüßt! Es gibt drei Süßgrade: von „sade“ (ohne Zucker) über „orta“ (mittelsüß) bis hin zu „şekerli“, der süßen Variante. Das Geheimnis des perfekt gekochten türkischen Kaffees liegt in der cremigen Zähflüssigkeit und der teerigen Schaumkrone. So weist der Name des Cafés auch darauf hin, wie ein guter Kaffee schmecken muss: „Mandabatmaz“ bedeutet wörtlich „ein Wasserbüffel, der nicht versinken kann“. Sinngemäß soll das heißen, dass der Kaffee so dickflüssig ist, dass selbst ein Wasserbüffel nicht darin versinkt.

- Asmalı Mescit, Olivya Gç. 1/A, 34430 Beyoğlu/İstanbul, Tel. +90 (2 12) 2 43 77 37
www.mandabatmaz.com.tr
- ÖPNV: Straßenbahn T2, Haltestelle Odakule oder Galatasaray

1967
Kahvesi
BATMAZ

Das bisschen Grün

2 Der Gezi-Park

Eine kleine Grünfläche, etwa 4 Hektar groß, ziemlich unscheinbar und doch von großer Bedeutung: der Gezi-Park. Das Herzstück der Istanbuler zählt zu den wenigen innerstädtischen Grünanlagen und liegt inmitten des Stadtteils Istanbul-Beyoğlu. Bis zu den Protesten im Jahr 2013 kannten ihn die allerwenigsten. Erst durch die wochenlangen Proteste erlangte sie weltweite Bekanntheit. Anlass war der Bebauungsplan zur Umgestaltung des Parks – genau genommen sollte ein Nachbau einer alten Kaserne im osmanischen Stil samt Einkaufszentrum errichtet werden. Die Bevölkerung sträubte sich jedoch dagegen. Binnen weniger Stunden wurde aus einer kleinen, friedlichen Demonstration eine gigantische Protestwelle. Es ging längst nicht mehr nur um das bisschen Grün. Der Park wurde zum Symbol des Widerstands. Die Istanbuler haben sich zwar tapfer geschlagen, doch bis heute ist unklar, was aus dem Park werden soll. Es gibt weitaus schönere Parks, aber nicht in dieser zentralen Lage. So ist er für eine kleine Verschnaufpause nah, aber fern genug, um dem Lärm der Stadt zu entkommen. Zum Entspannen kann man sich auf einer der Holzbänke niederlassen. Der Ausflug lässt sich aber gemütlicher genießen, wenn man sich ein Picknick mitbringt. Alternativ kann man im Teehaus sitzen und in aller Ruhe einen Çay trinken, bevor man sich ins nächste Abenteuer stürzt. Im vorderen Teil stehen seit den Unruhen noch immer Polizisten, doch die wenigsten kümmert das. Der Gezi-Park ist und bleibt (fragt sich nur wie lange) ein Rückzugs- und Zufluchtsort vieler Istanbuler. Im Sommer sitzen Rentner auf den Bänken und schlagen ihre Tageszeitung auf, ältere Damen ruhen sich nach einem anstrengenden Tag gern mal hier aus und junge Menschen liegen alleine oder in Gruppen auf der Wiese und genießen das schöne Wetter. Auch Familien mit ihren Kindern, die auf dem Spielplatz spielen, sieht man hier. So liegt der Park zwar halb vergessen im Schatten des berühmten Taksim-Platzes, doch der Geist von Gezi ist immer noch wach.

TIPP

Im Café Gezi Istanbul gibt es Kaffee, Kuchen und andere Leckereien.

- Gümüşsuyu, Tak-ı Zafer Cd., 34437 Beyoğlu/İstanbul
- ÖPNV: Metro M2, Haltestelle Taksim-Platz; Straßenbahn T2, Haltestelle Taksim-Platz; Füniküler F1, Haltestelle Taksim-Platz; Bus nahezu alle Haltestellen am Taksim-Platz

Goethe im Herzen Istanbuls

3 Mühlbauer, ein Ort für Literaturliebhaber

Gleich beim Betreten der Bücherstube kommt einem nicht nur der Geruch von frisch gedrucktem Papier entgegen, sondern auch von frischem Brot. Ob Bienenstich, Berliner oder Brezel: Wer sich nach dem vielen Baklava nach deutschem Gebäck sehnt, wird sich in der Buchhandlung von Thomas Mühlbauer wohlfühlen. Die türkisch-deutsche Buchhandlung am İstiklal-Boulevard liegt neben dem schwedischen Generalkonsulat. Auch die deutsche Privatschule ist nah, etwa 200 Meter vom Bücher-Café entfernt. Ebenso das Goethe-Institut. Daher auch ein beliebter Treffpunkt für Schüler und Studenten.

Auch Thomas Mühlbauer besuchte einst die deutsche Privatschule. Er ist in Istanbul geboren, war aber zwischenzeitlich wieder in Deutschland und übernahm dann die im Jahr 1955 von seinem Vater gegründete Buchhandlung. Das Familienunternehmen leitet Mühlbauer nun seit 30 Jahren. Anfangs wurden hauptsächlich Schulbücher und Lexika verkauft. Über die Jahre kamen immer mehr Werke aus anderen Bereichen dazu – etwa Reise-, Kinder- und Kochbücher. Doch das Alleinstellungsmerkmal des Bücher-Cafés ist und bleibt die deutsche Literatur sowie deutsche Übersetzungen türkischer Werke. Orhan Pamuk, Elif Şafak und viele weitere nennenswerte Autoren nehmen in den großen Holzregalen, die sich bis zur Decke hochziehen, Platz ein.

TIPP

Sprachkurse, Jobs, Wohnung oder Haushälter gesucht? Thomas Mühlbauer hat immer einen Tipp parat.

Das Kaffeehaus ist ein lang gezogener Raum mit antiken Stühlen und Holztischen, die teilweise mit Bücherstapeln beladen sind. Direkt am Eingang glaubt man zunächst, sich in einem Café zu befinden. Der Boden aus Pflastersteinen, die Dekoration schlicht gehalten. Erst in der zweiten Eingangstür verbreitet das Kaffeehaus seinen gemütlichen Charme und lädt den Besucher zum Lesen ein. Rechts vom Eingang, gleich am Tresen, gibt es die Backwaren und auf der linken Seite die Bücherregale. So richtig gemütlich wird es im zweiten Stock – pure Wohlfühlatmosphäre mit Kamin und kuscheligen Wohnzimmersesseln. Einen Çay mit Brezel und Goethe zur Hand, das muss das Gefühl von Heimat in einer globalen Welt sein.

- Şahkulu, İstiklal Cd. No:237, 34431 Beyoğlu/İstanbul, Tel. +90 (212) 249 35 96 www.tak.com.tr
- ÖPNV: Straßenbahn T2, Haltestelle Şişhane; Metro M2, Haltestelle Şişhane; Tünel F2, Haltestelle Beyoğlu

R BÜCHER LIEST, SCHAUT IN DIE WELT
UND NICHT NUR BIS ZUM ZAUNE
- GOETHE
MITTELALTER KOCHBUCH
ORIENTKÜCHE
Brezel

Nostalgie trifft Moderne

4 Genuss und Gemütlichkeit im Beta Yeni Han

Kaffee ist heutzutage allerorts vorzufinden. Doch was ist, wenn man den Ort in Istanbul entdeckt, an dem zum ersten Mal Kaffee geröstet wurde? Beta Yeni Han, besser bekannt als Tahmis, gehört zu dem wichtigsten Erbe der Geschichte Istanbuls. Das Gasthaus im Bezirk Tahtakale – eine Minute fußläufig vom ägyptischen Basar – war lange das einzige Gasthaus mit dem Namen Tahmis und ist als der Ort bekannt, an dem in Istanbul zum ersten Mal Kaffee verarbeitet, gelagert, geröstet, gemahlen und verkauft wurde. Der unscheinbare schmale Eingang führt in einen großen gepflasterten Innenhof. Ringsum befinden sich kleine boutiqueartige Läden mit Tonnengewölben. Hier kann man auf einen türkischen Mokka vorbeikommen oder auf einen Burger oder auf eines der beliebtesten Menüs: das Han-Frühstück. Mit der großen Vielfalt an Speisen macht das Gasthaus alle glücklich. Besonders reizvoll ist das Beta Tea House. Von Schwarz- bis Weißtee über Rooibostee, es ist ein besonderes Erlebnis, bis zu 80 Teesorten aus der ganzen Welt probieren zu können. Kulinarisch geht es in den danebengelegenen Läden weiter. Mit mehr als 100 Gewürz- und Kaffeesorten, Süßspeisen und herzhaften Backwaren ist es wahrlich ein Fest für den Geschmackssinn. Die Genussreise kann unabhängig vom Wetter unternommen werden, da ein Glasdach dafür sorgt, auch im Freien sitzen zu können.

TIPP
Unbedingt beim ägyptischen Basar, dem Mısır Çarşısı, vorbeischauen, shoppen und schmökern.

Bereits beim Betreten erlebt man eine Art Zeitreise zurück in das Osmanische Reich und genießt zugleich das Hier und Jetzt. Die historischen Merkmale des Gebäudes wurden bei der Wiederherstellung berücksichtigt. Die Innenausstattung wie Bänke und Tische sind modern gehalten. Durch das Zusammenspiel aus Alt und Neu hält es den Geist der Stadt lebendig. Das Herzstück befindet sich aber im Teehaus. Das Untergeschoss birgt den Ofen, in dem einst der erste Kaffee geröstet wurde. Daneben ist eine weiße Betonwand, von der zu Zeiten des Osmanischen Reichs ein unterirdischer Tunnel ausging, mit dem man bis zur Hagia Sophia gelangen konnte.

● Beta Yeni Han, Tahtakale Mahallesi, Hasırcılar Cd. No:23, 34116 Fatih/İstanbul
www.han.betayenihan.com

● ÖPNV: Fähre (Turyol), Haltestelle Eminönü; Straßenbahn T1, Haltestelle Eminönü; Bus 26, 31E, 32, 33E, 33TE, 47, 47E, 47K, 47N, 54TE, 77C, AVR3K, 79E, 82, 92, 93, Haltestelle Eminönü; Marmaray, Haltestelle Sirkeci İstasyonu

KABUKLU FINDIK
TRABZON
33,00 ₺
45,00 ₺
ELAZIĞ YERLİ
KABUKLU BADEM
50,00₺
30,00₺

Erinnerungen hinter Glas

5

Das Spielzeugmuseum in Kadıköy

„Das hatte ich auch!“ – ist ein Satz, den man im Spielzeugmuseum von vielen Besuchern hört. Zunächst erscheint es als ein Ort nur für Kinder, doch es ist durchaus auch ein Museum für Erwachsene. Auf insgesamt fünf Stockwerken werden rund 4000 Spielzeuge und Miniaturen aus aller Welt ausgestellt, darunter zum Beispiel eine amerikanische Puppe aus dem Jahr 1820 oder die Figuren von Karagöz und Hacivat aus der Zeit des Osmanischen Reichs, die Hauptfiguren des traditionellen türkischen Schattenspiels. Aber auch Spielwaren der Gegenwart sind im Museum zu finden. Ob Fred Feuerstein, Micky Maus oder Felix, die berühmten amerikanischen Cartoonfiguren – es gibt viel zu sehen in den randvoll bestückten Vitrinen. Sämtliche Spielwaren sind in thematische Gruppen geordnet. So begibt man sich beispielsweise in einen Raum voller Weltraumspielzeuge. Dort stößt man auf die erste Nationalflagge der Türkei, die im Jahr 1971 mit dem Raumschiff zum Mond flog. Im nächsten Raum steht man plötzlich vor einem originalen Eisenbahnwaggon, in dem Modelleisenbahnen und Dampfmaschinen ausgestellt sind. Braucht man eine Verschnaufpause, so kann im Erdgeschoss des Museums Tee oder Kaffee geschlürft werden, während auf die Kinder im Garten ein Riesenschachspiel wartet. Das Museumscafé vermittelt einem im Übrigen das Gefühl, in einem Puppenhaus zu sein. Auch der Weg zur Toilette ist außergewöhnlich – so läuft man durch ein U-Boot. Man sollte sich Zeit nehmen, denn in jedem dieser Spielzeugwaren verbirgt sich eine Geschichte. Viele der Exponate sind Antiquitäten, von denen manche fast 200 Jahre alt sind.

TIPP

Zum Spielzeugmuseum gehören die Museen Masal Müzesi (Kartal) und Düştepe Oyun Müzesi (Ataşehir) dazu.

Der Dichter und Schriftsteller Sunay Akın hat die Spielwaren in mehr als 40 Ländern von Sammlern, Antiquitätenhändlern und auf Auktionen gekauft und gesammelt. Er gründete im Jahr 2005 das Museum, das sich in einem historischen Herrenhaus im Viertel Göztepe östlich von Kadıköy befindet. Es ist das erste Spielzeugmuseum in der Türkei – ein Ort, der nicht nur Kinderherzen höherschlagen lässt.

● Göztepe Mah. Ömerpaşa Cd., Dr. Zeki Zeren Sk. No:17, 34730 Kadıköy, Tel. +90 (216) 3 59 45 50, www.istanbuloyuncakmuzesi.com

● ÖPNV: Bus 10B, 10S, 14Ç, 17, 17L, 19F, 19M, 19S, Haltestelle Göztepe, Bus GZ1, GZ2, Haltestelle Tütüncü Mehmet Efendi Moschee, Bus ER1, ER2, Haltestelle Erenköy Station; Marmaray, Haltestelle Erenköy

Der türkische Elvis

6

Das Haus von Barış Manço

Barış Manço ist der Inbegriff der Lebensfreude. Mit seinen Glücklichmacher-Songs wurde er als Pionier des „Anadolu Rocks" berühmt. Seine langen Haare, der Schnurrbart und sein extravaganter Modestil im Hippielook waren seine Markenzeichen. Nach seinem Tod im Jahr 1999 wurde sein ehemaliges Zuhause im Istanbuler Stadtteil Moda in Kadıköy in ein Museum umgewandelt. Die ihm eigene Herzlichkeit spürt der Besucher, sobald er das Museum betritt, denn dort steht rechts vom Eingang am Steinway-Flügel eine lebensgroße Statue von ihm. Viele seiner persönlichen Gegenstände bewahrt das viktorianische Herrenhaus, das zwischen den großen Wohnblocks liegt. Darunter sein Klavier, ausgefallene Kostüme, die er zu Zeiten seiner Karriere auf der Bühne trug, sowie Gemälde aus seiner Kunstsammlung. Bekannt war der Künstler insbesondere für ausgefallenen Silberschmuck, der im ersten Stock in seinem Schlafzimmer ausgestellt ist. Dass er ein Weltenbummler war, verrät die Inneneinrichtung seines Hauses. Denn er war nicht nur Sammler von Gemälden, sondern auch von allerlei Souvenirs und Glaswaren. Sein Mobiliar aus der napoleonischen Zeit, teils im Jugendstil, war im Vergleich zu seiner bescheidenen Lebensart ziemlich prunkvoll: Kronleuchter, Kerzenständer aus Bronze, kostbare Glasarbeiten aus dem späten 19. und frühen 20. Jahrhundert schmücken sein Haus. Wer seine Lieder nicht kennt, wird im Garten zunächst über das überdimensionale Gemüse stolpern: Genau genommen über Tomaten, Paprika und Auberginen („Domates, biber, patlıcan") – denn so hieß einer seiner bekanntesten Hits. Barış Manço vermischte Rockmusik mit traditioneller türkischer Volksmusik, brachte fröhliche Melodien ein und stellte in seinen Liedern regelmäßig die Lebensfreude dem Trübsinn gegenüber. Das kam gut an: Mit seiner Single „Nick the Chopper" erlangte er 1976 seinen internationalen Durchbruch. Vier Wochen lang hielt sich die Platte auf Platz 1 in England, Frankreich und Belgien – unglaublich, aber wahr!

TIPP

Reinhören lohnt sich! Übrigens wurden Barış Manços Songs in mehr als zehn Sprachen übersetzt.

- Caferağa, Yusuf Kamil Paşa Sk. No:5, 34710 Kadıköy/İstanbul, Tel. +90 (216) 337 94 13, www.barismanco.kadikoy.bel.tr
- ÖPNV: Straßenbahn T3, Haltestelle Moda Caddesi oder Moda İlkokulu

Autos mit Geschichte

7 Industriemuseum Koç in Sütlüce

In diesem Haus scheint die Zeit stehen geblieben zu sein. Das Rahmi-M.-Koç-Museum in Hasköy, ein Vorort am Nordufer des Goldenen Horns, lädt zu einer Zeitreise ein. Schon beim Betreten des Areals begibt man sich auf historisches Terrain. Die Bauten stammen teilweise noch aus der osmanischen Zeit. Eines dieser Gebäude war einmal eine Ankerfabrik, die bereits während der Herrschaft von Sultan Ahmet III (1703–1730) existierte, ein anderes eine im Jahr 1861 erbaute Werft. Rahmi Koç kaufte diese beiden Gebäude 1991 und machte daraus das erste türkische Industriemuseum. Koç kennt so ziemlich jeder in der Türkei. Der Name steht für das größte Familienunternehmen des Landes und gleichzeitig das einzige Museum, das sich der Geschichte von Technik, Industrie, Kommunikation und Verkehr widmet. Die Sammlung umfasst Tausende von Objekten, von denen die meisten aus der Privatsammlung von Rahmi M. Koç stammen. Dazu gehören Schiffe in Originalgröße, zahlreiche U-Boote, Flug- und Fahrzeuge, Oldtimer, Busse, Dampfmaschinen, landwirtschaftliche Maschinen und elektronische Haushaltswaren sowie viele weitere Artefakte aus der Industriegeschichte. Neben den internationalen Automarken wie Rolls-Royce, Chevy und Daimler werden auch die einst von Firmengründer Vehbi Koç produzierten Fahrzeuge ausgestellt. Die nostalgischen Autos „Anadol" und „Tofaş" sieht man aber auch noch heute gelegentlich auf Istanbuls Straßen.

TIPP
Kulinarische Verwöhnung bietet das Restaurant Halat by Divan direkt am Ufer auf dem Museumsgelände.

Es gibt die Möglichkeit, in einem Oldtimer zu sitzen oder an Bord eines US-Marine-U-Bootes von 1944 zu gehen. Ein absoluter Glücksmoment ist der Dampfschlepper „Rosalie" von 1873, mit dem man bei schönem Wetter das Goldene Horn erkunden kann. „Rosalie" ist weltweit einer der ältesten bekannten Dampfschlepper und ist aufgrund seiner originalen 95-PS-Verbunddampfmaschine der einzige seiner Art. Auch das unscheinbare Boot namens „Kısmet" (dt. Schicksal) ist nicht ganz unbedeutend. Es gehörte einst Sadun Boro, der 1952 als erster Türke die Welt umsegelte.

- Piri Paşa, Aziz Sk. No:5, 34445 Beyoğlu/İstanbul, Tel. +90 (212) 3 69 66 00
www.rmk-museum.org.tr
- ÖPNV: Bus 36T, 38T, 47, 47A, 47E, 47K, 47N, 47C, Haltestelle Hasköy Parkı; Sammeltaxis A49, B44, Haltestelle Hasköy Parkı

KISMET
ISTANBUL

Einfach treiben lassen

8

In den Gassen Karaköys

Essen, trinken, entspannen und feiern: Ob man den Tag im Stadtteil Karaköy mit einem gemütlichen Frühstück beginnt oder ihn in einem eleganten Klub ausklingen lässt, ein Anziehungsort für jeden Gemütszustand ist er allemal. Karaköy, das sich im nördlichen Teil der Mündung des Goldenen Horns auf der europäischen Seite des Bosporus befindet, ist derzeit einer der beliebtesten und sich am schnellsten verändernden Stadtteile Istanbuls. Bei genauem Hinschauen entdeckt man zwischen den vielen Restaurants, Bars und Klubs Kunstgalerien, Vintage- oder Designerläden, die einst Schmieden, Textilfabriken und Werkstätten waren.

Das Hafenviertel, auch als „Hipster-Viertel" bekannt, ist einer der ältesten und geschichtsträchtigsten Bezirke der Stadt. Insbesondere die Präsenz verschiedener religiöser und pädagogischer Stätten spiegelt seinen historischen und kosmopolitischen Charakter wider. Dort gibt es nicht nur Moscheen, sondern auch jüdische Synagogen, griechisch-orthodoxe, römisch-katholische, armenische und bulgarische Kirchen sowie jüdische, griechische, französische, italienische und österreichische Schulen. Der Multikulturalismus breitet sich natürlich bis in die Küchen aus. So gibt es italienische, mexikanische, asiatische, französische oder libanesische Restaurants.

TIPP

Baklava zum Dahinschmelzen in der berühmten Traditionsbäckerei Güllüoğlu (1843)!

Ein Spaziergang entlang der Mumhane-Straße beispielsweise führt an einigen der vielen trendigen Cafés von Karaköy vorbei, darunter Ops, Naif und Karabatan, eines der Kaffeehäuser, das als erstes in den Wohnbauten entstand. Viele Bars sind eine Mischung aus Restaurant und Tanzbar. Erst in den späten Abendstunden verwandeln sie sich in Tanzflächen mit guter Stimmungsmusik. Es kommt sogar vor, dass sich die Partys wegen der Menschenmenge bis auf die Straße ausbreiten. Von der Straße aus erblicken wir die Kılıç-Ali-Paşa-Moschee, ein Werk des großen Baumeisters Mimar Sinan aus dem Jahr 1580. Nach so vielen Eindrücken kann man im Hamam, dem türkischen Badehaus Kılıç Ali Paşa gleich nebenan, die Seele baumeln lassen.

- Kemankeş Karamustafa Paşa, Kılıç Ali Paşa Mescidi Sk., 34425 Beyoğlu/İstanbul
- ÖPNV: Straßenbahn T1, Haltestelle Karaköy; Bus 26, 26A, 28, 28T, 30D, 31E, 32 33, Haltestelle Karaköy; Fähre, Haltestelle Karaköy İskelesi

Karaköy
KUMPIR
WAFFLE
KAHVALTI

Maria Callas' Klavier

9

Das Kunstmuseum Pera

Es ist schwarz, in Hochglanz und recht unauffällig: So wie man sich einen klassischen Flügel eben vorstellt. Dennoch ist das Ausstellungsstück nicht unbedeutend. Es ist das Klavier von Maria Callas, die als eine der größten Sopranistinnen des 20. Jahrhunderts gilt. Das Instrument überquerte den Ozean von Amerika nach Griechenland und gelangte dann in die Türkei. In Ankara angekommen, ging es weiter auf seine letzte Reise nach Istanbul. Heute steht der Flügel im Café des Kunstmuseums Pera in Beyoğlu. Das weit gereiste Klavier lässt erahnen, welch interessante Geschichte es zu erzählen hat. Ein wahrer Glücksfund.

Doch es gibt auch andere erstaunliche Fundstücke im Museum zu entdecken. Die Sammlungen befinden sich im ehemaligen Bristol Hotel, das von dem Architekten Achille Manoussos 1893 entworfen wurde. Im Jahr 2005 wurde das Museum von der Stiftung Suna und Inan Kıraç gegründet, um ein breites Spektrum an kulturellen Dienstleistungen und Aktivitäten anzubieten. Das Museum veranstaltet regelmäßig internationale Leihausstellungen. Highlights der vergangenen Jahre waren die Ausstellungen von Pablo Picasso, Frida Kahlo und Andy Warhol.

Auf den insgesamt fünf Etagen gibt es drei ständige Ausstellungen: die Sammlung anatolischer Maße und Gewichte, die Kütahya-Kacheln und -Keramiken sowie orientalische Kunst. Erstere besteht aus rund 10.000 Objekten. Dazu zählen die wichtigsten Waagen und Messinstrumente, mit denen Gewichte, Längen und Volumina in allen Bereichen gemessen wurden. Die über 800 bemerkenswerten Kütahya-Fliesen- und -Keramiken stammen aus verschiedenen Epochen – hauptsächlich aus dem 18. bis 20. Jahrhundert. Die orientalische Gemäldesammlung ist mit mehr als 300 Gemälden eine der umfangreichsten Sammlungen in der Türkei. Darunter befindet sich auch das berühmte Gemälde „Der Schildkrötenerzieher“ von Osman Hamdi Bey – sozusagen die Mona Lisa der Türkei. Ein magischer Anblick!

TIPP

Die römisch-katholische Kirche Basilika St. Antonius ist nur wenige Gehminuten entfernt.

● Asmalı Mescit, Meşrutiyet Cd. No:65, 34430 Beyoğlu/İstanbul, Tel. +90 (212) 334 99 00, www.peramuzesi.org.tr

● ÖPNV: Straßenbahn T2, Haltestelle Odakule; Bus 32T, 35C, 36T, 38T, 46KT, 46T, 46C, 54E Haltestelle Tepebaşı; Sammeltaxis D11, D13, D14, D15, D41, D42, D43, D44, Çatma Mescit, Refik Saydam Cd.

Schnäppchen und Schätze

10 Entdeckungsreise auf Feriköys Flohmarkt

Stöbern, wühlen, staunen und einzigartige Fundstücke erobern. Die Türkei ist für ihre vielen lebendigen traditionellen Basare bekannt. In Istanbul gibt es mehr als genug davon. So macht die Welt der Basare mit über 400 Märkten unterschiedlichster Art einen großen Teil des Istanbuler Straßenlebens aus. Der Feriköy-Antiquitätenmarkt, auch bekannt als Bomonti Antika Pazarı, wurde 2009 gegründet und ist ein eher versteckter, aber großer Flohmarkt, der sowohl ein soziales als auch kulturelles Erlebnis garantiert. Derzeit gibt es auf der großen, überdachten Fläche mehr als 400 Stände – mit einer stetig steigenden Zahl. Schlendert man durch die einzelnen Reihen, so fühlt man sich in längst vergangene Zeiten versetzt. Antike Möbel, historische Gemälde, Berge aus alten, verstaubten Büchern, Schwarz-Weiß-Fotografien, Kassetten und Schallplatten, golden schimmernde Broschen, Schatullen und Holzkisten, Geschirr und Porzellan sowie zarte weiße Spitzendeckchen – auf Feriköys Flohmarkt gibt es nichts, was es nicht gibt. Und die Verkäufer haben zu fast jeder ihrer Waren eine Geschichte zu erzählen. Daher sollte man sich ganz ohne Hektik den schönen Dingen hingeben und den Zauber dieser Zeitreise genießen!

Anders als in Deutschland, wo die Flohmärkte teilweise bereits ab 7 Uhr morgens öffnen, geht es auf dem Feriköy-Antiquitätenmarkt ganz entspannt ab 9 Uhr los. Viele Händler raten sogar dazu, erst am späten Vormittag vorbeizuschauen, da die Verkäufer erst dann richtig wach und somit motiviert seien, ihre Artikel zu verkaufen. Wer gleich früh auf dem Markt eintrifft, kann andererseits damit rechnen, die schönsten und besten Stücke zu ergattern. Allerdings erhalten die Händler wöchentlich neue Ware, sodass man keine Bedenken haben muss, etwas zu verpassen. Es ist immer wieder von Neuem überraschend und auch aufregend, welche Fundstücke man nach Hause trägt – wie eine zu groß geratene Wundertüte.

TIPP

Das Viertel Bomonti wurde nach der ersten Bierproduktionsstätte im Osmanischen Reich benannt.

- Cumhuriyet Mahallesi, Semt Pazari No:8, 34380 Şişli/İstanbul, Tel. +90 (212) 7 08 88 88, www.ferikoyantikapazari.com
- ÖPNV: Metro M2, Haltestelle Osmanbey; Bus 25G, 30A, 46KT, 46T, 46C, 48N, 49K, 54E, Haltestelle Osmanbey oder Bomonti

Ausgehen und amüsieren

11 Im Viertel Akaretler trifft sich die Welt

Der Duft frischer Pizza liegt in der Luft, während Autoreifen laut über Kopfsteinpflaster holpern. Sind wir etwa in Rom? Gleichzeitig schmücken französische Balkone die Fassaden von Reihenhäusern im klassizistischen Stil, die man sonst nur aus Paris oder Marseille kennt. Doch die entfernten Häuser in Hanglage, die aufgestapelt wie eigenwillige LEGO-Steine erscheinen – das wiederum kommt eher Rio de Janeiro nahe. Andererseits kann man auch von einer Stadt sprechen, die niemals schläft, und damit an New York denken. Akaretler, so heißt der Bezirk in Beşiktaş, der die verschiedenen Charaktere dieser Städte vereint. Die gleichnamigen Häuserreihen „Akaretler Row Houses" ließ Sultan Abdülaziz im Jahr 1875 von Sarkis Balyan – Sohn einer armenischen Architektendynastie – errichten. Konzipiert wurde die Gebäudegruppe für die im Dolmabahçe-Palast arbeitenden Wächter und höheren Beamten. So liegt Akaretler nicht weit davon entfernt – direkt gegenüber dem östlichen Ende des Palastes, wo sich die zwei Straßen Şair Nedim und Süleyman Seba an einer Gabelung treffen. Insgesamt umfassen die historischen Bauten 133 Wohneinheiten auf 66 Parzellen, die von Berühmtheiten ihrer Zeit bewohnt wurden. Zum Beispiel von dem namhaften Palastmaler Fausto Zonaro, dem Dichter und Kritiker Sabahattin Kudret Aksal und Zübeyde Hanım, der Mutter von Mustafa Kemal Atatürk. Atatürk selbst lebte eine Weile hier – heute beherbergt sein Haus ein Museum, das seinen Namen trägt, das Akaretler-Mustafa-Kemal-Museum. Erst nach den Restaurierungsarbeiten 2008 wurde das Viertel über Nacht mit Leben gefüllt. Im Erdgeschoss der beigefarbenen Häuser befinden sich elegante Cafés, Restaurants und schicke Boutiquen. Läuft man entlang der linken Gabelung, so trifft man gegenüber dem Park der Poeten (Şairler Sofası Parkı) auf Minoa, ein süßes Buchladen-Café. Hier kann man es sich problemlos mehrere Stunden lang gemütlich machen, schmökern und die vielen Glücksgefühle auf sich wirken lassen.

TIPP

Für alle Käsekuchenliebhaber – den besten San-Sebastián-Kuchen der Stadt gibt es im B.Blok Bakery.

● Vişnezade, Süleyman Seba Cd. No:16 D:20, 34357 Beşiktaş/İstanbul
● ÖPNV: Bus 22, 22B, 25E, 26, 26A, 26B, 27E, 27SE, Haltestelle Akaretler; Sammeltaxis BSK1, BKS2, D31, D36, D62 , Sinanpaşa Mahallesi Şair Nedim Caddesi No: 2, D:Blok Daire 4; Fähre Beşiktaş

White Mill
White Mill

Endstation Orientexpress

12 Eisenbahnmuseum am Sirkeci-Terminal

Die Schriftstellerin Agatha Christie und ihr Meisterdetektiv Hercules Poirot haben ihn weltberühmt gemacht – den Orientexpress. Nicht zuletzt durch etliche Verfilmungen wurde der Luxuszug zum Kultobjekt. Zwar steht der Zug nicht in Istanbul, aber der alte Bahnhof Sirkeci war einst seine Endstation. Der Bahnhof befindet sich in der Nähe des Topkapı-Palastes und des Gülhane-Parks im Stadtbezirk Fatih. Versteckt im Bahnhofsgebäude befindet sich ein kleines Ein-Raum-Museum. Darin sind rund 300 historische Exponate ausgestellt. Zu den Sammlungen des Eisenbahnmuseums gehören Teile der Züge und der Bahnhöfe, Fotografien sowie Dokumente. Außerdem beherbergt es spannende Objekte wie Möbel und Silberbesteck, die in den Speisewagen verwendet wurden, Warnschilder und Laternen von Bahnwärtern sowie das Führerhaus einer elektrischen S-Bahn. Ein altes Zuglaufschild mit der Aufschrift „Istanbul – Münih" erinnert an die Arbeitermigration aus der Türkei nach Deutschland. Der Bahnhof war ein Ort des Abschiednehmens und Ankommens. Eine Brücke zwischen Okzident und Orient, mit der sich in den Erinnerungen vieler Trauer, aber ebenso Hoffnung auf eine glückliche Zukunft verbindet. Nachdem man in Gedanken so weit gereist ist, sollte man in jedem Fall noch einen Spaziergang über den Bahnsteig machen. Im Inneren erinnern die gewölbten Decken, an denen Kronleuchter baumeln, und die farbenfrohen Buntglaskreise in der orientalisch-gotischen Fassade des Gebäudes an längst vergangene Zeiten. Diese Gestaltung hat sich seit der Fertigstellung durch den deutschen Architekten August Jasmund (1890) nicht verändert. Auch das Restaurant Orient Express ist seither im Betrieb. Es hat tatsächlich immer noch dieselbe Speisekarte, die einst müde Passagiere auf langen Zugfahrten lasen. In den 1950er- und 1960er-Jahren war das Restaurant ein beliebter Treffpunkt für Journalisten und Schriftsteller. Wer weiß, vielleicht trifft man mit etwas Glück einen Weggefährten ...

TIPP

Mit einem Smartphone kann man sich per QR-Code kostenlos durch das Museum führen lassen.

- Hoca Paşa, Gar Sirkeci, 34110 İstanbul, Tel. +90 (212) 520 65 75
- ÖPNV: Marmaray, Haltestelle Sirkeci Bahnhof; Straßenbahn T1, Haltestelle Sirkeci

Gar Sahası 24
Kapalı Devre
Kamera Sistemi
İzlenmektedir

Kraft tanken und entspannen

13

Star von Istanbul – der Yıldız-Park

Istanbul ist nicht gerade als ein Ort der Ruhe und Stille bekannt. So wird jedes grüne Fleckchen zum Fluchtort, besonders für Einheimische, um neue Energie aufzutanken. Der Yıldız-Park (dt. Stern-Park) ist bestens dafür geeignet. Auch für Touristen, die in der Großstadt einmal tief durchatmen möchten, ist er eine willkommene Erholungsstätte. Inmitten von Verkehr, Lärm und Chaos erstreckt sich der Yıldız-Park im Stadtteil Beşiktaş mit einer Fläche von 160 Hektar bis zum Çırağan-Palast. Er zählt zu den größten Grünanlagen in Istanbul und besteht aus vielen schönen Pools, Wasserfällen, Hängebrücken und Teichen sowie mehreren atemberaubenden Gärten mit einer großen Vielfalt an Blumen und exotischen Bäumen aus aller Welt. Einige der Bäume sind sogar über 400 Jahre alt. Der Park beherbergt eine Reihe von historischen Pavillons aus dem 19. und 20. Jahrhundert, die man natürlich auch besichtigen kann. Dazu zählen Şale-, Çadır- und Malta-Köşkü sowie die Yıldız-Porzellan-Fabrik. Im 18. Jahrhundert ließ Sultan Selim III. für seine Mutter Sultan Mihrişah den Yıldız-Palast erbauen, der heute ein Museum beherbergt. Die Herrenhäuser Çadır und Malta wurden Anfang der 1870er-Jahre im neobarocken Stil als Jagdschlösser für den Sultan Abdülaziz erbaut. Heute sind es Restaurants und Cafés. Die Pavillons beeindrucken nicht nur von außen, auch ein Blick ins Innere lohnt sich. Im zweiten Stockwerk des Malta-Pavillons beispielsweise hat man einen herrlichen Blick über die Stadt. Auch das Yıldız Şale Köşkü wurde zum Museum umgewandelt. Einst diente es als Audienzsaal und bot Staatsgästen eine prunkvolle Unterkunft, so zum Beispiel Kaiser Wilhelm II. und Winston Churchill. Die Fliesen- und Porzellanmanufaktur steht in der Nähe des Eingangs an der Palanga-Straße und ist heute noch im Betrieb. Der Park zählt zu den absoluten Glücks- und Entspannungsorten Istanbuls. Hier können Besucher nicht nur kulturelle und kulinarische Highlights, sondern auch die Natur in Hülle und Fülle genießen.

TIPP

Preiswert und lecker: Çadır- und Malta-Köşkü zählen zu den beliebtesten Frühstücksplätzen.

● Yıldız, 34349 Beşiktaş/İstanbul
http://en.besiktas.bel.tr/entry/yildiz-park/
● ÖPNV: Bus 22, 22RE, 25E, 30D, 40, 40T, 42T, 57UL, Haltestelle Yahya Efendi

Ankommen und innehalten

14 Süleymaniye-Moschee in Fatih

Ein geradezu ehrfürchtiges Gefühl überkommt den Besucher beim Anblick dieses gigantischen Bauwerks. Sobald man das Gelände der Süleymaniye-Moschee betritt, kommt man aus dem Staunen nicht mehr heraus. Der gesamte Komplex strahlt eine ungeheure Harmonie und Erhabenheit aus. Zwar beherbergt Istanbul eine ganze Reihe von imposanten und beeindruckenden Moscheen, doch die Süleymaniye-Moschee im Stadtteil Fatih, die zweitgrößte nach Sultan-Ahmed, ist ohne Zweifel ein architektonisches Meisterwerk. Sie ist das Hauptwerk des berühmten Architekten Mimar Sinan und eine der bekanntesten Moscheen der Stadt. Sie wurde in einer sehr kurzen Bauzeit zwischen den Jahren 1550 und 1557 erbaut und steht auf einem der sieben Hügel Istanbuls. Deshalb bestimmt sie auch die Silhouette der Stadt wesentlich mit.

TIPP

Drum herum gibt es viele Rooftop-Cafés. Vom Mimar-Sinan-Café aus hat man eine atemberaubende Aussicht.

Die Moschee erweckt fast den Eindruck eines eigenständigen Stadtteils. Den Kern der Anlage, den eine durchbrochene Mauer umgibt, bildet die Moschee mit ihrem Vorhof und dem hinten gelegenen Friedhof. Im Übrigen liegt hier auch der Mann begraben, von dem man ruhigen Gewissens behaupten kann, er habe Istanbul so viel Schönheit geschenkt wie kein Zweiter: Mimar Sinan.

Wie damals üblich, wurde die Moschee als Teil eines ganzen Komplexes errichtet, einer sogenannten Külliye, zu der mehrere Schulen, ein Krankenhaus, eine Armenküche, ein Hamam, ein Brunnen sowie eine Herberge und nicht zuletzt eine Bibliothek gehörten. Die Bibliothek vereint etwa 140 Stiftungsbibliotheken und Privatsammlungen und bewahrt somit die größte und bedeutendste Sammlung islamischer Manuskripte weltweit. Eine überraschende Schlichtheit, aber gleichzeitig eine atemberaubende Größe empfindet man beim Betreten des Innenhofs. Auch der Innenraum der Moschee mutet eher bescheiden an. Mehr als 130 wertvolle Glasmalereien mit erlesener Kalligrafie sorgen für ein lichtdurchflutetes Inneres. Die Betenden versammeln sich direkt unter diesem Licht. Hier hat man Zeit und Ruhe, sich zu besinnen und zu sich selbst zu finden.

● Süleymaniye, Prof. Sıddık Sami Onar Cd. No:1, 34116 Fatih/İstanbul

● ÖPNV: Metro M2, Haltestelle Vezneciler; Bus 28, 28T, 30D, 399C, 47E, 66, 93, 93T, halten alle in der Nähe der Moschee; Fähre, Haltestelle Eminönü; Straßenbahn T1, Haltestelle Laleli – Üniversite

Genuss mit gutem Gewissen

15 Bazlama – das Mutter-Tochter-Café

„Aufstehen verboten, bevor du nicht satt bist" – so lautet das Motto des Familienbetriebes Çeşme Bazlama im Stadtviertel Nişantaşı. Getreu diesem Prinzip, wie man es auch von der Großmutter kennt, erhält man immer wieder Nachschub, so lange, bis man wirklich satt ist. Das Besondere ist, dass das Frühstück als „serpme kahvaltı" angeboten wird. Das fällt wesentlich üppiger aus und gleicht einem persönlichen Minibüfett. Es werden viele kleine Schälchen mit den unterschiedlichsten Speisen aufgetischt. Dabei darf der Çay, der in kleinen Kännchen serviert wird, unbegrenzt nachbestellt werden. Die Auswahl bei einem „serpme kahvaltı" ist in der Regel immer groß. Doch das Bazlama-Café setzt noch einen obendrauf: Rund 40 Marmeladensorten, eine Vielzahl von Käsesorten, Aufschnitt und Oliven, mehrere Dip-Soßen sowie frisch zubereitete Backwaren werden gereicht. Bazlama, nach dem das Café benannt wurde, ist ein flaches, rundes, gesäuertes Brot, das einem Fladenbrot ähnelt. Der Name des Cafés ist der Großmutter gewidmet, die offenbar einst die beste Fladenbrotbäckerin des Dorfes Aydın-Atburgazı gewesen ist. Das Obst und Gemüse wird saisonal von den eigenen Feldern und Weinbergen geerntet. Unterstützt werden aber auch regionale Spezialitäten. So kommen die getrockneten Tomaten aus Konya, Trockenfrüchte wie Maulbeeren und Aprikosen aus Malatya und das Tomatenmark aus Hatay. Auch die Milch für die Milchkonfitüre stammt von den eigenen Kühen in Çeşme.

TIPP
Lange Wartezeiten an Wochenenden, daher unbedingt werktags kommen. Reservierungen sind nicht möglich.

Çeşme ist die Stadt, in der 1992 das erste Lokal entstanden ist. In Istanbul gibt es zwar keinen direkten Blick auf die Ägäis, doch die in Türkisfarben gehaltenen Dekorationen und pinken Drillingsblumen erinnern an einen Sommerurlaub am Mittelmeer. Ideengeber des Unternehmens war der Familienvater Yaşar Ahmet Tuner, doch durch die Aktivitäten seiner Frau Nurten und der gemeinsamen Tochter Sinem ist es nach und nach zum Trend-Café geworden. Vor allem sättigt sein Brunch nicht nur die hungrigen Mägen, sondern füllt auch die Herzen seiner Gäste.

● Teşvikiye Mh. Osman F. Seden Sk. No:8, 34365 Şişli/İstanbul, Tel. +90 (212) 951 06 91, www.bazlamakahvalti.com
● ÖPNV: Metro M2, Haltestelle Osmanbey; Bus D32, Haltestelle Hostes Rona Altınay Sokak; Bus 26, 26A, 26B, 30, BSK1, D53, Haltestelle Teşvikiye

BAZLAMA

Unter den Linden

16 Der Ihlamur-Palast in Beşiktaş

Als Gegenpol zum hektischen Stadtleben freut man sich in der Metropole über jeden Erholungsplatz. Einen Ort, der sich dafür bestens eignet, gibt es in der Nähe von Nişantaşı. In nur etwa 20 Gehminuten vom Fährterminal Beşiktaş geht es durch den belebten Stadtbezirk Beşiktaş' zum Ihlamur Kasrı, dem Ihlamur-Pavillon, auch bekannt als Lindenpalast. Dort angekommen, wähnt man sich in einer anderen Welt. Frei laufende Pfauen und Hasen auf sattgrünen Wiesen, ein Ententeich gleich vor dem Pavillon und viele Bäume, die insbesondere im Sommer höchstwillkommenen Schatten in der aufgeheizten Großstadt spenden. Die Bänke um den Teich herum laden zum Verweilen ein.

Das Ihlamur Kasrı, das nach den Lindenbäumen benannt wurde, ist eine kleinere Ausgabe des Dolmabahçe-Palastes. Die Geschichte des Lindenpalastes reicht bis ins 18. Jahrhundert zurück, er wurde während der Herrschaft von Sultan Abdülmecid erbaut. Sein Architekt war Nikogos Balyan, ein berühmter kaiserlicher Architekt dieser Zeit.

Das Gelände ist von hohen Mauern und an einigen Stellen von Eisenzäunen umgeben, sodass der Stadtlärm nicht eindringen kann. Im Inneren des Ihlamur-Pavillon-Geländes gibt es zwei kleine Paläste beziehungsweise Herrenhäuser, von denen eines heute eine Cafeteria und das andere ein Museum ist. Der Hauptpalast, auf den man geradeaus zuläuft, heißt Merasim Köşk und wurde für Zeremonien und offizielle Angelegenheiten genutzt. Es ist sehr prunkvoll und beeindruckt mit einer großen barocken Wendeltreppe, die zum Eingang führt. Beim Eintreten in das Ihlamur-Pavillon-Gelände fällt aber zunächst das schlichtere Gebäude auf der rechten Seite auf. Das einfach gehaltene und etwas kleinere Gebäude heißt Maiyet Köşk und wurde für die Gefolge des Sultans und manchmal für seinen Harem genutzt. Für den kleinen Hunger gibt es dort ein Café – mit Blick auf die friedliche Natur. Ein Besuch des Ihlamur-Pavillons ist tatsächlich eine Wohltat für den Geist und die Seele.

● Teşvikiye, Nişantaşı Ihlamur Yolu Sk., 34357 Şişli/İstanbul,
Tel. +90 (2 12) 2 36 90 00, www.millisaraylar.gov.tr/kasirlar/ihlamur-kasirlari
● ÖPNV: Bus 26, 26A, 26B, Haltestelle Ihlamur

Spritzige Fröhlichmacher

17

Regionale Erfrischung in Balat

Prickelnd, alkoholfrei und erfrischend vielfältig: Die Zitronenlimonade ist wohl die Mutter aller Brausegetränke. Doch hat sich unser Limo-Geschmackshorizont längst weit über Zitrone, Limette und Orange hinaus erweitert. Egal, ob Birne, Hagebutte, Pfirsich oder Ananas, beim Sevda Gazozçusu (dt. die Liebe zum Soda), einem winzigen Getränkeladen in Balat, gibt es alle nur denkbaren Variationen. Sogar mit Kaffee-, Haselnuss oder Schokoladengeschmack und in Kombination mit weiteren Aromen – für alle Geschmäcker ist etwas dabei. Angefangen mit etwa zehn Sorten bauen der Ideengründer Mahmut Saklı und sein Partner Anıl Karacaer über die Jahre ihr Sortiment immer weiter aus. Mittlerweile werden über 100 Soda-Sorten angeboten. Nachdem das erste Geschäft in Vefa boomte, eröffneten sie einen zweiten Laden mit der großen Werbetafel von Elvan. Elvan Gazozu ist eine Limonadenmarke, die in den 1970er-Jahren in der Türkei mit ihren einfachen Geschmacksrichtungen berühmt wurde. Zu dieser Zeit war die Limo so populär, dass viele Eltern ihre Töchter Elvan nannten. In der Regel werden die spritzigen Durstlöscher nach dem Namen des Herstellers oder nach der Heimatstadt genannt und nur im Umkreis der Produktionsstätte verkauft. Doch bei Sevda Gazozçusu stehen etwa 50 Limos aus unterschiedlichen Städten aneinandergereiht in den Regalen und im Schaufenster. Wer hier vorbeischaut, ist verblüfft über die große Auswahl der Limos und darüber, dass die in Vergessenheit geratenen Getränke noch immer produziert werden. Aber die pure Freude bescheren nicht nur die bunten Heimatprodukte. Auch Retro-Produkte wie Süßigkeiten aus den 80ern und 90ern gibt es hier zu kaufen. „Leblebi tozu", ein Pulver aus Kichererbsen und Zucker, hat seinerzeit alle Kinderherzen höherschlagen lassen. Also dann: Viel Spaß beim Stöbern und In-Erinnerungen-Schwelgen.

TIPP

Hier riecht es noch nach Geschichte – der Laden und viele Bauten sind aus der byzantinischen Zeit.

- Ayvansaray, Leblebiciler Sk. No:4, 34087 Fatih/İstanbul, Tel. +90 (5 49) 2 92 14 53
- ÖPNV: Straßenbahn T5, Haltestelle Balat; Bus 35D, Haltestelle Balat Person; Bus 33ES, 35D, 36CE, 41Y, 44B, 48E, 55T, 99, 99A, 99Y, 399B, 399C, Haltestelle Köprübaşı

4
Sevda Gazozcusu
Sevda Gazozcusu
51152 INCI MUHIMMAT
BOLUK KOMUTANLIGI
PAMUKOVA/ ADAPAZARI/
TURKIYE
LOT NO. : HWY98M220-021
FSN : 1315-935-9212
Q'TY : 2 RDS

Mediterranes Lebensgefühl

18 Akın Balık – die verborgene Taverne

Eine Einladung braucht es nicht, wenn man im Fischrestaurant Akın Balık einkehrt. Man setzt sich einfach dorthin, wo Platz ist – ein wohliges Gefühl wie im Wohnzimmer enger Freunde. Die urige und authentische Meyhane (dt. Wirtshaus) befindet sich direkt neben dem berühmten Fischmarkt am Ufer in Karaköy. Trotz der Popularität des kleinen Fischmarktes ist die Meyhane eher versteckt und unscheinbar. In einer lauen Sommernacht sind besonders die Plätze auf der Terrasse gefragt. Mit Blick auf die Galatabrücke lauscht man den Geräuschen der kleinen Fischerboote sowie dem Geschrei der Möwen – meist übertönt von klassischer türkischer Musik, die aus den Lautsprechern hallt. Die kleinen, bunt bemalten Holzstühle stehen unweit vom Meer, was einem ein Gefühl von Ruhe und Friedlichkeit vermittelt. Hat man unter den flackernden Kerzen und Gaslampen, die teilweise in den Bäumen hängen, Platz genommen, heißt es nur noch bestellen und genießen! Rakı, Balık, Meze: Das ist die gängige Kombination für eine Bestellung in einer Meyhane. Der Schnaps aus Rosinen, Trauben und würzigen Anissamen hat ein unverwechselbaren lakritzähnlichen Geschmack. Entweder wird Rakı mit Wasser verdünnt oder pur getrunken. Aufgrund seiner milchigen Farbe, die der Anisschnaps beim Mischen mit Wasser oder durch starkes Kühlen erhält, spricht man im Volksmund auch von „aslan sütü" (dt. Löwenmilch). Normalerweise wird der Rakı in kleinen, schlanken Gläsern ausgeschenkt, bei Akın Balık allerdings in Çay-Gläsern. Dazu gibt es eine große Auswahl an kalten und warmen Vorspeisen (Meze). Getrunken wird zwischen den Gängen und auch während des Essens. Ohne Meze oder Balık (Fisch) ist Rakı undenkbar. Melone und Weißkäse haben sich für einen klassischen kulinarischen Auftakt eines Rakı-Abends bewährt. Das Essen steht aber nie im Mittelpunkt. Viel eher die gute Musik, die man lauthals mitsingt, Geschichten, Witze, Lachen und Weinen, all das gehört zu einem authentischen Rakı-Abend. Also dann: Şerefe!

TIPP

Beim Erheben der Gläser wird Handrücken an Handrücken angestoßen – das ist die persönliche Variante.

● Arap Cami Mahallesi Fermeneciler Caddesi Gumruk Han No:4/D Karakoy/İstanbul, Tel. +90 (212) 2 44 97 76, www.akinbalik.com.tr/#basindabiz
● ÖPNV: Fähre Karaköy; Straßenbahn T1, Haltestelle Karaköy Istasyonu; Bus 26, 26A, 28, 28T, 30D, 31E, 32, 33, Haltestelle Karaköy

142 Jahre Schleckereien

19

Berühmte Bonbons aus Balat

Im Schaufenster reiht sich ein Bonbonglas an das andere. Ob Minz-, Zitronen-, Zimt-, Nelken-, Ingwer- oder Nuss-Geschmack, die vielen glänzenden Zuckerstücke strahlen allein schon durch ihre Farben pure Glücksgefühle aus und ziehen einen magisch an. Beim Eintreten in die geöffnete Ladentür des Bonbon-Geschäfts Balat Merkez Şekercisi 1879, das in Balat im Stadtteil Fatih liegt, hat man bei rund 30 Sorten die Qual der Wahl. Für Neugierige, die gerne Neues ausprobieren, ein wahres Zuckerschlecken. Inhaber Savaş Cörüt hilft mit seiner freundlichen Art bei der Auswahl und öffnet jedem, der hereinspaziert, bereitwillig die Deckel der großen Bonbongläser – ein süßlicher Duft hüllt einen wie eine warme Umarmung ein. Zu den traditionellen Geschmacksrichtungen zählen Zimt, Sesam und Haselnuss.

TIPP

Eins der hippen Szenecafés aufsuchen und die Stadt auf sich wirken lassen. Balat ist Magie pur!

Die historische Traditionskonditorei, die im Jahr 1879 eine Unternehmerin namens Fatma aus Bursa gründete, wechselte einige Male ihren Besitzer. Seit 2018 stehen Savaş Cörüt und sein Partner Mahmut Saklı hinter dem Tresen. Eines war den beiden besonders wichtig: die Bewahrung der Originalrezepte. Denn bei diesen Bonbons, auch Akide şekeri genannt, handelt es sich um älteste Rezepturen. Das Wort Akide leitet sich vom arabischen Wort „akit“ (Vertrag) ab. Zu Zeiten des Osmanischen Reichs zeigten die Soldaten mit den süßlichen Stücken ihre Loyalität und Zugehörigkeit zu dem Sultan, welcher vor einem Amtswechsel stand.

Der Süßwarenladen, in dem über ein Jahrhundert lang Zucker, Aromen und Wasser gekocht wurden, liegt im historischen Çıfıt-Basar, einem der ältesten Basare Istanbuls aus dem 12. Jahrhundert. Im Jahr 2000 wurde die historische Konditorei sogar in die Liste des UNESCO-Weltkulturerbes aufgenommen. Das Balat Merkez Şekercisi 1879 inmitten des Szeneviertels der Stadt ist ein Glücksort für jeden, der die einzigartige Kombination aus Nostalgie und Kultur schmecken möchte. Das Schöne dabei ist: Die Zuckerl sind so klein, dass immer ein wenig süßes Glück auch mit nach Hause genommen werden kann.

- Ayvansaray, Leblebiciler Sk. No:33, 34087 Fatih/İstanbul, Tel. +90 (5 32) 3 83 05 50 www.balat-merkez-sekercisi.business.site/
- ÖPNV: Straßenbahn T5, Haltestelle Balat; Bus 35D, Haltestelle Balat Person; Bus 33ES, 35D, 36CE, 41Y, 44B, 48E, 55T, 99, 99A, 99Y, 399B, 399C, Haltestelle Köprübaşı

Rauch und Geselligkeit

20 Auf eine Wasserpfeife im Erenler Çay Bahçesi

Es riecht süßlich nach dem Aroma von Trauben, Minze und exotischen Früchten. Immer wieder blubbert es, bis eine große Nebelwolke alles in einen fruchtig aromatischen Dunst hüllt. Die Nargile (dt. Wasserpfeife) hat in der Türkei eine uralte Tradition, die sich als moderner Trend auch in der Gegenwart etabliert hat. Man begegnet ihr überall dort, wo Menschen gemütlich beisammensitzen. Der ruhige und versteckte Teegarten im Hof der Çorlulu Alipaşa Medresesi in Beyazıt ist ein idealer Ort, um bei Tee oder Kaffee mit einer Nargile zu entspannen – besser bekannt unter dem Namen „Erenler Nargile ve Çay Bahçesi". Dort treffen sich sowohl junge als auch alte Menschen gern nach Feierabend oder am Wochenende.

Das historische Gebäude wurde während des Osmanischen Reichs als Medrese genutzt. Etwa 300 Jahre später hat man den Innenhof in ein Café verwandelt. Geht man den schmalen Gang hindurch, taucht man gleich in die Welt des Orients ein. Die bunten Öllampen, die unter den Bögen des historischen Gebäudes hängen, die niedrigen Holzhocker und Tische, auf denen Backgammon gespielt wird, verleihen dem Ganzen eine authentische Note. Bei der Wahl des Tabaks gibt es ein großes Angebot an unterschiedlichen Geschmacksrichtungen: von fruchtigen Aromen wie Apfel, über erfrischende Geschmackssorten wie Limette bis hin zu süßlichen Sorten. Besonders als Einsteiger sollte man sie erst einmal durchprobieren, um seine Lieblingssorte ausfindig zu machen. Sinn und Zweck der Wasserpfeife ist jedoch letztlich, dass sie die Menschen zusammenbringt. Traditionell wird die Nargile in geselliger Runde unter Gleichgesinnten geraucht. Das Herumreichen der Wasserpfeife gilt in weiten Teilen der türkischen Bevölkerung als Ritus und respektvolle Handlung. Dabei gehört eines immer dazu: das Plaudern. Man diskutiert über schwerwiegende Themen der Politik, tauscht Tipps aus, beratschlagt oder quatscht einfach über die neusten Ereignisse. Es ist eine gesellige Freizeitbeschäftigung und zugleich ein Entspannungsritus.

TIPP

Ganz in der Nähe befinden sich Beyazıt-Platz und -Moschee, Kalligrafie-Museum und der spektakuläre Große Basar.

- Mollafenari, Yeniçeriler Cd. No:38, 34120 Fatih/İstanbul, Tel. +90 (2 12) 519 23 41
- ÖPNV: Straßenbahn T1, Haltestelle Çemberlitaş oder Beyazıt – Kapalıçarşı; Bus 94A, 97G, Haltestelle Beyazıt

ÖZ TRUVA NARGILE & C

Ofenkartoffel mal anders

21 Ortaköy – Ort der Kartoffel

Kumpir, der türkische Ofenkartoffel-Hit, erobert blitzartig weltweit sämtliche Streetfood-Märkte. Der ideale Ort, um einen Kumpir zu essen, ist vor allem Ortaköy, ein Viertel des Istanbuler Stadtteils Beşiktaş. Vermutlich kein Geheimtipp mehr, hält er den Gaumenschmaus stets bereit und ist somit ein echter Glücksort. Wer der Ortaköy-Moschee in der Nähe der riesigen Bosporus-Brücke einen Besuch abstattet, der kommt unweigerlich an den Kumpir-Ständen vorbei. Zahlreiche Buden stehen im Hafen direkt nebeneinander und bieten oft nichts anderes an als die gebackene Riesenkartoffel. Ein Bummel hier entlang kann etwas anstrengend sein, da die Verkäufer sehr bemüht sind, Kunden zum Besuch ihres Kumpir-Standes zu überreden.

Doch hält man erst mal einen Kumpir in der Hand, so vergisst man schnell, dass man der Versuchung nicht widerstehen konnte, und weiß spätestens nach dem ersten Happen, dass sich der Kauf gelohnt hat. Was aber macht einen Kumpir eigentlich zum Kumpir? Einen großen Unterschied zwischen Ofenkartoffel und Kumpir gibt es eigentlich nicht – es ist vielmehr die spezielle Form der Zubereitung. Zum Kumpir wird die gegarte Knolle, indem sie längs aufgeschnitten, ihr Inneres mit einem Löffel herausgelöst und mit Butter, Käse und Gewürzen vermengt wird. Danach beginnt der kreative Teil. Nicht wundern, die getürmten, bunten Beilagen am Schaufenster dienen nicht nur zur Dekoration. Nach ganz persönlichen Vorlieben kann jeder seine Kartoffel individuell belegen. Die Regel ist: Je mehr, desto besser! Ob Salat, Mais, Erbsen, Bulgursalat, Würstchen oder Thunfisch, dazu Oliven, Feta sowie Eingelegtes – erlaubt ist alles, worauf man Lust hat und was einem schmeckt. Zum Abschluss wahlweise Ketchup, Mayonnaise und diverse Soßen. Auf den Bänken am Bosporus neben der Moschee lässt sich die gefüllte Knolle bei einer herrlichen Aussicht auf die Bosporus-Brücke genießen. Diese Aromen-Harmonie aus dampfender Kartoffel und zart schmelzender Butter gehört zu diesem Glück einfach dazu!

TIPP

Sonntags gibt es vor der Großen-Mecidiye-Moschee einen Künstlermarkt.

- Mecidiye, Muallim Naci Caddesi, Ortaköy, 34347 Beşiktaş/İstanbul
- ÖPNV: Fähre Ortaköy; Bus 22, 22B, 22RE, 25E, 29D, 30D, 40, 40T, Haltestelle Kabataş Lisesi

CENK PAŞA
KUMPİR
SEMTTE
HAYAT BİTMEZ
DESTİNA
KUMPİR
Kumpir
FENERBAHÇE SPOR KULÜBÜ
1907

Das Tor zum blauen Meer

22 Der Beylerbeyi-Palast

Wer schon mal mit der Fähre über den glitzernden Bosporus gefahren ist, wird den prunkvollen, auffallend großen Palast am Ufer der Meerenge wahrgenommen haben. Der Beylerbeyi-Palast – geduckt im Schatten der Hängebrücke, die sich 1074 Meter lang und 64 Meter hoch über den Bosporus spannt – befindet sich auf der asiatischen Seite in dem gleichnamigen Stadtbezirk Beylerbeyi. Noch ist der Ort ein Refugium im unübersichtlichen Istanbul. Nur die wenigsten besuchen die asiatische Seite trotz der vielen schönen und sehenswerten Orten. Daher zählt der Beylerbeyi-Palast zu den weniger bekannten Palästen, der aber dank seiner europäisch geprägten neobarocken Architektur und orientalischen Textur einer der prächtigsten ist. Beylerbeyi bedeutet der Herr der Herren und wurde zwischen 1861 und 1865 auf Wunsch des osmanischen Sultans Abdulaziz durch den berühmten armenischen Architekten Sarkis Balyan errichtet. Der Sultan habe die Nähe zum Meer gesucht und hielt sich bevorzugt im Sommer hier auf. Zu den Anlegestellen im Garten öffnen sich prächtig verzierte Pforten – weit und breit nur tiefblaues Wasser – ein Traum! Genau das muss der Sultan geliebt haben. Den Innenraum schmückte er mit Bildern vom Meer, von Schiffen und Booten. Auch die blauen Säulen im dreigeschossigen Gebäude mit Untergeschoss fallen sofort auf. Anders als bei den Palästen Çırağan und Dolmabahçe wurde dieser Sommerpalast als staatliches Gästehaus genutzt. Der Prinz von Montenegro, der Schah von Persien, König Eduard VIII., der österreichische Kaiser Franz Joseph, die Gemahlin von Napoleon III. und die Kaiserin Eugenié gehörten zu den Gästen. Eine Art Paradies auf Erden sind aber die Gärten, die sich auf einer Fläche von insgesamt 70.000 Quadratmetern erstrecken. Ein Spaziergang auf Kieswegen zwischen rund geschnittenen Büschen und weißen Laternen, die frische Brise und die atemberaubende Aussicht über den Bosporus – diesen Glücksmoment möchte man festhalten und nie wieder loslassen.

- Beylerbeyi, Beylerbeyi Kavşağı, 34676 Üsküdar/İstanbul, Tel. +90 (2 16) 3 21 93 20 www.millisaraylar.gov.tr/saraylar/beylerbeyi-sarayi
- ÖPNV: Fähre Beylerbeyi; Sammeltaxis C118, Haltestelle Beylerbeyi; Bus D24, Haltestelle Beylerbeyi

Laut. Lustig. LeMan.

23

Ein Treffpunkt der besonderen Art

Auch wenn die Webseite verspricht: „Sie sind willkommen, außer zur Schlafenszeit", ist es ein Ort, an dem immer ein Lichtlein brennt. Tagsüber für die Allgemeinheit und nachts für Literaten, Künstler und Karikaturisten. LeMan ist die älteste Satire-Zeitschrift in der Türkei. Ihr Redaktionssitz in Beyoğlu ist nicht nur ein Entstehungsort von kreativen Zeichnungen und Texten, sondern auch ein Ort, an dem gegessen und getrunken wird. So unterhält das im Jahr 1991 gegründete Magazin ein Restaurant und eine Kleinkunstbühne. Die Geschichte des Satire-Blattes geht bis in die 1970er-Jahre zurück – LeMan entstand aus dem Magazin Limon, das wiederum aus der Zeitschrift Gırgır hervorgegangen war. Das marode alte Café ist nahezu unverändert erhalten, daneben sind die neu eröffneten Cafés ausgesprochen modern. Die Wände sind übersät mit Cartoons. Auch die Menükarte passt sich der Satire-Zeitschrift an. Wortspiele wie der „L-Manyak Hamburger", was so viel bedeutet wie der verrückte Hamburger, oder die „Karışık Koalisyon Pizza", die gemischte Koalitionspizza, und Illustrationen deuten das an. Der Hauptsitz des Magazins an der Imam-Adnan-Straße hat zwei Stockwerke – genug Platz für Ausstellungen und Kulturevents. Die Lokalität hat sich als Kulturzentrum etabliert, an dem die Freiheit des Geistes regelrecht zu spüren ist. LeMan Kültür erinnert außerdem an viele bekannte Persönlichkeiten. Der im Jahr 2013 verstorbene Regisseur und Schauspieler Tuncel Kurtiz führte beispielsweise dort Theaterstücke auf. Cem Yılmaz, ein ehemaliger LeMan-Zeichner, ist heute einer der bekanntesten Komiker der Türkei. Hinter den Illustrationen stehen ebenfalls beeindruckende Köpfe, wie etwa Nihat Genç, Ender Özkahraman, Cezmi Ersöz und der verstorbene Autor und Dichter Can Yücel, scharfzüngiger Autor, kritisch und unterhaltsam zugleich. Während man an seinem Getränk nippt, schaut man im Gute-Laune-Restaurant im wahrsten Sinne des Wortes über den Tellerrand und hat dabei garantiert immer etwas zu schmunzeln.

TIPP

Es gibt mehrere Filialen. Trotz der Hauptstätte in Beyoğlu ist Kadıköy eine der beliebtesten.

● Caferağa-Viertel, Neset Omer Sk. No:9/1, 34710 Kadıköy/İstanbul, Tel. +90 (216) 4 49 83 83, www.lemankultur.com.tr

● ÖPNV: Metro M4, Haltestelle Kadıköy; Straßenbahn T3, Haltestelle Kadıköy IDO; Fähre Kadıköy

Zeilen der Sehnsucht

24 Nâzım Hikmet – die Stiftung in Şişli

„Leben wie ein Baum, einzeln und frei, doch brüderlich wie ein Wald, das ist unsere Sehnsucht." („Yaşamak bir ağaç gibi tek ve hür ve bir orman gibi kardeşcesine, bu hasret bizim.") Das ist wohl der weltweit bekannteste Vers des türkischen Schriftstellers Nâzım Hikmet (1902–1963). Er gilt als Begründer der modernen türkischen Lyrik und wird noch heute als großer Poet verehrt. Ihm zu Ehren wurde im Jahr 2016 ein Kultur- und Kunsthaus im Stadtviertel Şişli eröffnet. Zuvor hatte die Einrichtung ihren Sitz in Taksim, nach mehr als 20 Jahren musste sie wegen der real bestehenden Erdbebengefahr schließen. Hikmet war ein kontroverser Autor. Seine kritischen Äußerungen brachten ihn zeitweise hinter Gitter. Doch er trotzte der Verfolgung, dem Publikationsverbot, der Ausbürgerung und dem russischen Exil. Die heutige Gedenkstätte verfügt über eine Gedächtnishalle, die gleichzeitig als Museum dient. Dort werden einige ehemalige Besitztümer von Hikmet ausgestellt. Hauptsächlich trugen seine Schwester Samiye Yalrım, seine Nichte Ayşe Yalrım und seine Freunde zur Sammlung bei, sie spendeten persönliche Gegenstände, die der kommunistische Dichter während seines Studiums in Moskau benutzte. Im Informationszentrum werden Zeitungsausschnitte, Bücher, CDs, Audio- und Videokassetten, Fotos und Dokumente aufbewahrt. Die Kultureinrichtung beherbergt zudem einen Theatersaal, einen Mehrzwecksaal, ein Tanzstudio und Studienwerkstätten. Viele Aktivitäten finden dort statt, Theater- und Tanzaufführungen, Philosophiegespräche, Kunstausstellungen und Literaturkongresse. Hikmets Grabmal liegt in Moskau – ihm war es nicht vergönnt, ein friedliches Leben in seiner Heimat zu führen. Die Stiftung bietet eindrucksvolle Einblicke in das Leben und Werk des bedeutenden Dichters, sie ist heute ein Treffpunkt für Literatur- und Kulturinteressierte in seiner geliebten Stadt. Mit den Worten des Literatur-Nobelpreisträgers Orhan Pamuk: „Um glücklich zu sein, muss man sich jeden Tag mit Literatur beschäftigen."

TIPP

Das Cevahir AVM ist das zweitgrößte Kaufhaus Europas und ist nur 20 Gehminuten entfernt.

● Halide Edip Adıvar, Darülaceze Cd. 9/1-1, 34382 Şişli/İstanbul
www.nazimhikmet.org.tr

● ÖPNV: Bus 36EM, 36M, 37M, 38G, 38M, 41AT, 49A, 49G, Haltestelle Çiftecevizler; Metro M7, Haltestelle Çağlayan; Metro M2, Haltestelle Şişli

Unter den Zitronenbäumen

25

Chill-out-Zone in Beyoğlu

Unter freiem Himmel lauschig im Grünen sitzen und schlemmen. Eine Kombination, die das Herz umarmt. Das Restaurant Limonlu Bahçe (dt. Zitronengarten) liegt inmitten der Stadt im Tomtom-Viertel. Viele finden es nur zufällig oder laufen gar daran vorbei. Das hat seinen Grund: Es liegt in einem Hinterhof eines bescheidenen Wohnblocks. Nur eine kleine rote Überdachung im Eingangsbereich und ein Aushängeschild geben den Hinweis darauf, dass sich hier ein Café verbirgt. Aber hat man erst den grauen, freudlosen Hausflur hinter sich gelassen, erwartet einen ein kleines Paradies. Mit einer Fläche von etwa 350 Quadratmetern lässt das Restaurant Limonlu Bahçe die Betonstadt, wie die Einheimischen sie gerne nennen, vergessen. Der Name des Restaurants deutet an, dass es irgendwas mit Zitronenbäumen zu tun haben muss. Neben Magnolien-, Rosen-, Kiefern-, Linden-, Jasmin- und Pflaumenbäumen schmücken viele alte Zitronenbäume den Hof. Durch die flexible Terrassenüberdachung kann man zu jeder Jahreszeit die frische Zitronenlimonade genießen. Die ist nämlich besonders zu empfehlen, da die Zitrusfrüchte im eigenen Garten geerntet werden. Wenn man an neuen Freunden interessiert ist, sollte man an Frühlings- und Sommertagen einen Blick in die Gaststätte werfen, denn dann gibt es viele Katzen und Schildkröten, die im Garten frei herumlaufen. Vorsicht ist geboten – beim Aufstehen und Platznehmen sollte man immer den Boden im Blick behalten, um den kleinen Vierfüßlern nicht aus Versehen auf die Füße zu treten. Es ist ein idealer Ort, um dem Großstadtgetümmel zu entfliehen. Ob ein frischer Morgenkaffee, ein Ruhetee zu Mittag oder ein Nachmittagstreffen mit Freunden – die Auswahl an Speisen, Desserts, alkoholischen und alkoholfreien Getränken ist so groß, dass sich zu jeder Zeit und zu jedem Anlass etwas Passendes finden lässt. Unter den Minizitronenhainen, über die sich die Kronen der Bäume zu einem riesigen Dach wölben, lässt man es sich wie in einem kleinen Versteck gut gehen.

TIPP

Mit Heizpilzen und Wintergarten auch an kalten Tagen ein angenehmer Ort.

- Tomtom, 34440, Yeni Çarşı Cd. No:74, 34433 Beyoğlu/İstanbul, Tel. +90 (2 12) 2 52 10 94, www.imonlubahcebeyoglu.com
- ÖPNV: Straßenbahn T2, Odakule

Am Puls der Stadt

26 Galata, die Königin der Türme

Der Galataturm, kaum zu übersehen, ist wohl das älteste Wahrzeichen Istanbuls. Es zählt zu den beliebtesten Sehenswürdigkeiten und steht für viele zweifellos ganz weit oben auf der Besuchsliste. Mit bis zu 4 Meter dicken Außenmauern und seinem zylinderförmigen Aufbau liegt das altehrwürdige Gemäuer im gleichnamigen lebhaften Viertel Galata. Der Turm hat schon einige Jahrhunderte auf dem Buckel, im Mittelalter war er Teil der Stadtbefestigung. Im Laufe der Zeit änderte sich mehrfach sein Zweck, so war er zunächst ein hölzerner Leuchtturm, der als strategischer Beobachtungsturm diente. Später wurde er zeitweise als Gefängnis genutzt und letztlich als Brandwache. Der Turm hat eine Höhe von etwa 63 Metern. Aber keine Sorge, um nach oben zu gelangen, gibt es einen Fahrstuhl. Direkt in der Eingangshalle, in der es auch einen kleinen Souvenirshop gibt, stehen zwei Aufzüge bereit. Mit ihnen gelangt man aber nur bis ins siebte Stockwerk – der Turm zählt insgesamt neun Etagen. Wer direkt unterhalb des kegelförmigen Kupferdachs stehen möchte, muss weiter zu Fuß über eine hölzerne Wendeltreppe aufsteigen. Der kleine Fußmarsch lohnt sich aber! Denn von hier aus hat man die schönste Aussicht über die Stadt. Die Terrasse bietet einen fantastischen 360-Grad-Panoramablick. Hoch oben befindet sich ein Restaurant, das eine Vielfalt an Speisen – von Gegrilltem über Meeresspezialitäten bis hin zu vegetarischen Gerichten – bereithält. Mit etwas Glück sitzt man beim Essen direkt am Fenster und genießt den Ausblick. Der Galataturm ist ein Ort, der beflügelt. Es ist das Heimat-Herz vieler Istanbuler. Aus gutem Grund: In den gut 1500 Jahren seiner Geschichte hat er schon so einiges überstanden: Kriege, Brände, Erdbeben, Belagerungen und Eroberungen. Er hat beobachtet, gelauscht, Geschichten geschrieben – lehrreich und einprägsam. Stets mit offenen Armen hat er seine Gäste empfangen und verabschiedet. Der Galataturm ist eben das Heimat-Herz, das den Pulsschlag vorgibt.

TIPP

An der Galip-Dede-Straße gibt es viele schöne Ateliers, Galerien, Souvenir- und Musikgeschäfte.

● Bereketzade Mh. Büyük Hendek Caddesi, No:2, 34421 Galata/Beyoğlu/İstanbul, Tel. +90 (2 12) 2 45 41 41, www.galatakulesi.com.tr
● ÖPNV: Metro M2, Haltestelle Şişhane; Tünel F2, Haltestelle Beyoğlu

Besinnung und Ruhe finden

27 Polonezköy – das versteckte polnische Dorf

Eines der wichtigsten Symbole von Polonezköy ist die Kirche Mutter-Maria von Czestochova. Versteckt hinter großen Baumkronen und einem grünen Vorgarten befindet sich die historische Kirche direkt am Ortseingang. Bei einem Rundgang um die Kirche kann man sich außerdem die Baum-Skulpturen ansehen, die im Garten ausgestellt sind. Als erste Kapelle wurde Mitte des 19. Jahrhunderts die St.-Anna-Kirche von den bosnischen Priestern des heiligen François erbaut. Nach der Zerstörung der alten Holzkapelle beim großen Erdbeben von Istanbul im Jahr 1894 wurde 1914 die heutige Czestochova-Mutter-Maria-Kirche errichtet. Während des Ersten Weltkriegs diente sie als Hauptquartier der türkischen Armee. Heute werden in der Kirche Gottesdienste, Musikabende und kleine Festivals veranstaltet. Polonezköy, auch Adamköy (Adampol, Adamsfeld) genannt, ist ein kleines Dorf in Beykoz, auf der asiatischen Seite Istanbuls. Dieses Dorf wurde von polnischen Emigranten gegründet, die wegen politischer Verfolgung Zuflucht in der Türkei fanden. Der Name des Dorfs ist auf den Gründungsvater Fürst Adam Czartoryski zurückzuführen.

TIPP
Am ersten und zweiten Juniwochenende findet das traditionelle Polonezköy-Kirschfest statt.

Das polnische Dorf liegt im Naturschutzgebiet und ist mit seiner Kultur und seinem Klima inmitten üppiger Wälder einer der beliebtesten Bezirke Istanbuls. Unweit der Kirche befindet sich in einem der ältesten Häuser des Dorfes die Gedenkstätte von Zofia Ryży. Das Haus, das die typisch polnische Dorfhausarchitektur dieser Zeit aufweist, hat nichts von seiner ursprünglichen Schönheit verloren. Es steht jedem offen und beherbergt viele Fotos, Dokumente und polnische Bücher. Ebenfalls zu empfehlen ist das Kulturhaus, in dem kulturelle und gemeinschaftliche Veranstaltungen stattfinden, wie zum Beispiel Auftritte von polnischen Folkloregruppen oder auch Liederabende. Außerdem könnte man den Besuch des Dorfes mit einer Wanderung verbinden. Saubere Luft und die herrlichen Bäume, deren Spitzen den Himmel berühren, laden zu einem wunderschönen Spaziergang ein.

- Polonez, Beykoz Cd. No:29, 34829 Beykoz/İstanbul
  www.polonezkoy.com
- ÖPNV: am besten mit dem Auto, Sammeltaxis oder Taxi zu erreichen

Ein Raum voller Glück

28 Dank der Regenbogentreppen in Cihangir

Es fing damit an, dass ein Rentner das ewige Grau nicht mehr sehen konnte: Ob Häuser, Treppen oder ganze Straßenzüge, die Stadt war ihm viel zu eintönig. Kurzerhand kauft er ein paar Farbeimer und bemalt die triste Betontreppe in seiner Nachbarschaft, die in Richtung Taksim-Platz den Hügel hinaufführt. Lila, blau, grün, gelb, orange, rot und so weiter – eben in allen Farben des Regenbogens. Nach nur drei Tagen zog sich ein Farbenmeer über die rund 200 Stufen. So wurde der Treppenmaler Hüseyin Çetinel über Nacht berühmt. Die Regenbogentreppen wurden zu einem Zeichen der Freiheit, Vielfalt, Toleranz gegenüber der LGTBQ+-Community und zum Symbol des Widerstands gegen die Erdoğan-Regierung. Nur zwei Tage nach Fertigstellung ließ die Stadtverwaltung die Treppe wieder mit dem alten Grau überstreichen. Proteste und ein großer Aufschrei in den sozialen Netzwerken sorgten dafür, dass die Treppe letztendlich wieder bunt angestrichen wurde. Seither schmücken viele bunte Treppen das Stadtbild Istanbuls und strahlen aus allen Ecken pure Lebensfreude aus. Das Original aber ist hier an der Meclis-i-Mebusan Straße 31 in Fındıklı. Inzwischen ist der Regenbogen unter den Füßen ein Selfie-Hotspot geworden.

Ein richtiger Glücksort ist er aber auch deshalb, weil gleich nebenan der gemeinnützige Kunstraum Merdiven Art Space gegründet wurde. Merdiven hat sich zum Ziel gesetzt, das Wachstum von kreativen, unabhängigen und gemeinnützigen Aktivitäten frei von kommerziellen Interessen zu unterstützen. Die Initiative möchte jeder Art von alternativen Stimmen Gehör verschaffen. In einem kleinen Raum haben junge, unbekannte Künstler die Möglichkeit, ihrer Kreativität freien Lauf zu lassen. Mit jeder neuen Ausstellung verwandelt er sich in einen einzigartigen Glücksraum. Das oberste Gesetz lautet: Künstlerinnen und Künstler dürfen alles. Mal sind die Wände mit Spiegeln behängt, mal ganz in Weinrot gestrichen. Und das Schöne ist: Dieser Glücksraum steht allen offen – von Dienstag bis Samstag ab 11 Uhr.

TIPP

Nur wenige Schritte weiter trifft man auf den nächsten Treppen auf weitere Bemalungen.

- Fındıklı, Murat Han, Meclis-i Mebusan Cd. No:31 D:KAT: 1, 34434 Beyoğlu/İstanbul, Tel. +90 (212) 2 44 84 44, www.merdivenartspace.com
- ÖPNV: Straßenbahn T1, Haltestelle Fındıklı, Mimar Sinan Üniverstesi oder Tophane; Bus 26, 26A, 28, 28T, 30D, 70KE, Haltestelle Salı Pazarı

Tee trinken zwischen Tulpen

29 Schönster Garten Istanbuls – der Emirgan-Park

Zwitschernde Vögel, fischreiche Teiche und farbenfrohe Tulpen, so weit das Auge reicht. Der bezaubernde Emirgan-Park am Hang eines Hügels am europäischen Bosporusufer bietet alles, was man zum Entspannen braucht. Auf dem Gelände gibt es drei kleine, aber ansehnliche Pavillons aus den 1870er-Jahren – den gelben (Sarı Köşk), rosafarbenen (Pembe Köşk) und weißen Pavillon (Beyaz Köşk). Die inzwischen in Café und Restaurants umgewandelten Pavillons bieten kleinere Speisen und Getränke an. Jeder dieser Pavillons ist etwas Besonderes. Der gelbe beispielsweise ist in seiner traditionell osmanischen Architektur belassen und mit üppigem Interieur ausgestattet. Der weiße Pavillon wurde im neoklassizistischen Stil erbaut und der rosafarbene hat sich als beliebter Ort für Feierlichkeiten wie Hochzeiten etabliert. Ein kleiner Tipp: Vom Pembe Köşk hat man einen fabelhaften Blick auf den azurblauen Bosporus. Hier kann man den Alltag hinter sich lassen: zurücklehnen, den Ausblick genießen und dabei einen türkischen Tee trinken.

TIPP

Am Fuße des Parks befindet sich das Tulip-Museum.

Wer mag, kann sich aber auch bei einem ruhigen Spaziergang auf Entdeckungsreise begeben. Unmittelbar in der Nähe gibt es eine Grotte, einen Wasserfall und einen großen See mit einer Insel. Mehr als 120 Pflanzen- und Baumarten beherbergt der Park, darunter zahlreiche Tannen, Linden, Fichten und Zypressen, die für himmlische Düfte sorgen. Die ideale Jahreszeit für einen Besuch des Emirgan-Parks ist der Frühling, wenn das internationale Tulpenfestival stattfindet. Mit etwa 270 verschiedenen Arten und insgesamt 2,5 Millionen Tulpen bilden sie dann einen der größten Blumenteppiche weltweit. Mit dem Tulpenfestival feiert man unter anderem die lange Geschichte des Tulpenanbaus in der Türkei. Die Tulpe hat einen sehr großen Stellenwert, sie ist sogar das Wahrzeichen der Türkei. So ist sie auch immer noch ein verbreitetes Motiv in der Kunst, der Malerei, im Glas- und Keramikdesign. Den überwältigenden Farbenzauber der Tulpen sollte man sich nicht entgehen lassen.

● Reşitpaşa, Emirgan Sk., 34467 Sarıyer/İstanbul
www.tesislerimiz.ibb.istanbul/ibb-sosyal-tesislerinde-lale-zamani
● ÖPNV: Fähre Emirgan İskelesi; Bus 22, 22RE, 25E, 40, 40T,42T, 59RH, Haltestelle Emirgan

Sonne, Strand und Meer

30

Istanbuls Riviera in Riva

Ruhe, Relaxen, Riva: Kaum zu glauben, da man doch mit der Millionenmetropole Istanbul vor allem hektisches Stadtleben in Verbindung bringt. Aber ja, es gibt auch viele Strände, an denen sich insbesondere im Sommer Meer und Sonne ausgiebig genießen lassen. Im Stadtteil Beykoz auf der anatolischen Seite von Istanbul befindet sich der kleine, ruhige Badestrand Riva. Er liegt etwa 40 Kilometer nordöstlich vom Taksim-Platz entfernt. Riva ist ein altes griechisches Dorf, auch bekannt als Çayağzı. Bei den Einheimischen sehr beliebt, ist es bei den Touristen eher unbekannt. Viele Istanbuler flüchten besonders gern an heißen Wochenenden oder an den Feiertagen in die Ortschaft, um sich eine Auszeit zu gönnen. Wer mag, kann aber auch in den kühleren Monaten den Küstenort besuchen, da die breiten Sandstrände entlang der Schwarzmeerküste sich ideal für längere entspannte Spaziergänge eignen. Naturliebhaber werden diesen Ort ins Herz schließen: Neben Aktivitäten wie Wandern, Yoga und Joggen ist es nämlich auch möglich, am Strand zu campen. Zusätzliche Kosten fallen in den meisten Fällen nicht an. Auch kann selbst entschieden werden, wo man sein Zelt aufschlagen möchte – ganz nach dem Wildcampen-Prinzip. Inmitten der Naturschönheit, wo man vom Rauschen der Blätter und dem Gezwitscher der Vögel beglückt wird, gibt es freilich auch viele Möglichkeiten zum Picknicken. Orte, die sich gut dafür eignen, sind zum Beispiel Sadık Babanın Yeri, Riva Gelara Piknik Camp, Selim'in Yeri oder Riva Piknik & Kamp Alanı. Wer den eigenen Kurs bestimmen möchte und das Ruder gern selbst in der Hand hält, kann sich ein Bötchen schnappen und den Riva-Fluss entlangschippern. Der Riva-Fluss, einer der größten Flüsse Istanbuls, mündet in das Schwarze Meer. Bootstouren auf dem Riva-Fluss sind wegen seiner Breite, aber auch wegen des stillen Wassers besonders beliebt. Wer möchte, kann sich auch beim Angeln aktiv erholen. So ist der Badeort Riva Ruhe-Stifter und Abenteuerort zugleich.

TIPP

Es gibt eine Burg, die sich an der Hügelseite von Riva befindet.

- Riva Plajı, Riva, 34829 Beykoz/İstanbul
- ÖPNV: am besten mit dem Auto, Sammeltaxis oder Taxi zu erreichen

Croissants zum Reinlegen

31 Auszeit im Brekkie Croissants & Cookie Café

„Ich weiß nicht, was du vom Essen hältst, aber Frühstück muss etwas mit Glück zu tun haben." Mit dieser Feststellung hat Cemal Süreya, ein türkeistämmiger Dichter kurdisch-zazaischer Herkunft, wohl ins Schwarze getroffen – insbesondere trifft das auf Istanbul zu. Denn selbst wenn das Frühstück in vielen Ländern als wichtigste Mahlzeit gilt, ist der Morgenschmaus in der Türkei von besonderer Bedeutung. Geht man die Yoğurtçu-Parkı-Straße im Osmanağa-Viertel entlang, könnte man glatt annehmen, man wäre in Paris gelandet. Denn spätestens ab 9 Uhr morgens duftet es hier nach frisch gebackenen Croissants. Der unvergleichliche Geruch kommt aus dem Brekkie Croissants & Cookie Café, das im hippen und zugleich entspannten Stadtteil Kadıköy liegt. Hier trifft französische auf türkische Küche: fluffig leichte Butter- und Mandelcroissants mit üppigen und reichhaltigen Beilagen – so kann ein guter Tag starten oder etwa nicht?!

TIPP

Cansu Akdaşlı ist auch Meisterin im Cookiebacken. Unbedingt probieren!

Can Akdaşlı führt den Laden gemeinsam mit seiner Frau Cansu Akdaşlı – sie sind Pioniere auf diesem Gebiet. Can Akdaşlı hat jahrelange Gastro-Erfahrung und hatte sich bereits vor Brekkie Croissants & Cookie Café als Pancake- und Crêpes-König einen Namen gemacht. Seine Frau Cansu Akdaşlı ist ebenfalls Konditorin. Sie ist viel durch die Welt gereist. Auch in den USA hat sie beispielsweise in einer Konditorei gearbeitet, wo sie – zu unser aller Glück – lernte, die besten Croissants zu backen. Alles in allem sechs Monate lang tüftelten die beiden Backtalente an dem perfekten Croissant. Um den idealen Geschmack zu erhalten, hat sich das Ehepaar türkeiweit auf die Suche begeben, um die perfekten Zutaten für die perfekten Croissants ausfindig zu machen. Letztendlich sind sie in einer Molkerei in Tyrus fündig geworden. Ihre Croissants schmecken nicht nur besonders lecker, sondern sie sehen auch gut aus. Die kleinen Sünden glänzen von außen verführerisch und sind sehr knusprig, im Inneren herrlich weich und buttrig. Ein Fest für den Gaumen und zweifellos pures Glück!

● Osmanağa, Yoğurtçu Parkı Cd. No:24/1, 34714 Kadıköy/İstanbul, Tel. +90 (216) 345 03 45

● ÖPNV: Straßenbahn T3, Haltestelle Moda Caddesi

BREKKIE

Kultur erleben

32 Das Opernhaus Sürreya in Kadıköy

Sie zählen zu den wichtigsten Schmuckstücken einer Stadt und strahlen einen ganz besonderen Glanz aus: Opernhäuser. Mit fantastischen Musikstücken ziehen sie nicht nur Opern-Fans in ihren Bann und verraten viel über die Geschichte und die Kultur eines Landes. Das Opernhaus Sürreya ist eines der ansehnlichsten historischen Gebäude von Kadıköy. Im Jahr 1927 wurde es als das erste Musiktheater im anatolischen Teil Istanbuls erbaut. Das Gebäude hat einst der armenische Architekt entworfen und trägt den Namen des Auftraggebers – eines ehemaligen Politikers und Geschäftsmanns namens Süreyya Ilmen. Bei seinen Besuchen in Europa war Ilmen beeindruckt von den üppigen und glamourösen Theaterhallen und hat sich insbesondere vom Art-déco-Stil des Pariser „Théâtre des Champs-Élysées“ inspirieren lassen. So spiegelt die Architektur des Gebäudes vor allem im Foyer und im Inneren die verschiedenen ästhetischen und funktionalen Einflüsse wider. Doch ganz so einwandfrei funktionierte das Gebäude zunächst nicht. Aufgrund mangelnder Bühnentechnik konnten Opernaufführungen vorerst nicht stattfinden. Zunächst umfunktioniert zu einem einmaligen Ort für Hochzeiten wurde erst später eine technische Ausstattung für die Tonfilmvorführung installiert. Das Opernhaus war somit fortan ein Kino. Zum ersten Direktor des Kinos wurde der Vater des berühmten Dichters Nâzım Hikmet ernannt. Ilmen schenkte das Opernhaus 1950 einer gemeinnützigen Organisation zur Förderung der Bildung von Waisenkindern in Armut. Im Jahr 2006 wurde es an die Gemeinde Kadıköy verpachtet. Nach erneuten jahrelangen Sanierungsarbeiten wurde Ilmens Traum vom Opernhaus wahr und ab 2007 endlich als solches genutzt. Es gastieren sowohl einheimische als auch ausländische Künstler. Die Architektur, der Prunk und das Pathos versprechen in jedem Fall ein Glückserlebnis und sind allein schon einen Besuch wert.

● Caferağa, General Asım Gündüz Cd. No:29, 34710 Kadıköy/İstanbul, Tel. +90 (216) 3 46 15 31, www.sureyyaoperasi.kadikoy.bel.tr/tr
● ÖPNV: Straßenbahn T3, Haltestelle Bahariye

Alles unter einem Dach

33

Museum, Bibliothek und Café im Salt Galata

Ein Ort zum Stöbern und Studieren: Das SALT Galata ist Forschungszentrum, Bibliothek, Buchhandlung, Ausstellungshaus und Café in einem. Die kulturelle Institution, die allerlei Programme wie Vorträge, Filmvorführungen und Workshops organisiert, ist ein Blickfang an der Bankenstraße in Karaköy. Seit 2011 bündelt die Garantie-Bank ihre kulturellen Aktivitäten in dem Projekt SALT, das in Istanbul zwei Standorte hat: So ist SALT Galata mit SALT Beyoğlu nicht zu verwechseln. Letzteres ist ebenfalls ein aktives Kulturzentrum mit Galerien, Walk-in-Kino und Garten. SALT Galata ist der ehemalige Sitz der osmanischen Bank aus dem 19. Jahrhundert, dessen Gebäude von einem französischen Architekten namens Alexandre Vallauri entworfen wurde. Sein wichtigstes Charakteristikum ist die neoklassische Fassade mit Reliefﬁguren zur Straße sowie eine orientalische Seite mit einem Erker, von dem aus man auf das Goldene Horn blickt. Der symmetrische Bau wurde von dem türkischen Architektenbüro Mimarlar Tasarım zeitgemäß umgebaut. Hier befinden sich auf einer Fläche von 650 Quadratmetern eine Fachbibliothek sowie das Banque-Ottomane-Museum, das im ersten Stockwerk untergebracht ist. Mit umfangreichen Archiv- und Publikationssammlungen sowie Wechselausstellungen beherbergt das Gebäude außerdem ein Auditorium sowie diverse Veranstaltungs- und Arbeitsräume. Einen Shop und das Restaurant Neolokal findet man im Erdgeschoss. Insgesamt bietet es die perfekte Mischung, um die persönlichen Mußestunden wieder in den Fokus zu rücken – insbesondere für diejenigen, die sich für Kunst, Architektur und Design sowie für sozial- und wirtschaftliche Studien interessieren. Die Intention war es, mit der Umstrukturierung ein innovatives Forschungs- und experimentelles Denkklima sowie Lern- und Diskussionsmöglichkeiten zu schaffen, um sich insbesondere mit den aktuellen Kulturfragen beschäftigen zu können. Hier kann man entdecken, forschen und diskutieren oder einfach nur die Stille genießen.

TIPP

Gleich gegenüber befinden sich die berühmten Comondo-Treppen.

● İstiklal-Caddesi 136 Beyoğlu; Bankalar Caddesi 11, Galata/Karaköy, 34430 Beyoğlu/İstanbul, Tel. +90 (212) 377 42 00, +90 (212) 334 22 00
www.saltonline.org

● ÖPNV: Fähre Karaköy; Straßenbahn T1, Haltestelle Karaköy; Tünel F2, Haltestelle Karaköy

SALT

90 Sekunden Glück

34

Tünel – die zweitälteste U-Bahn weltweit

Es geht bergauf und wieder bergab, mit und ohne Treppenstufen. Die Wege in Istanbul sind meist schmal und die steilen Anstiege oft nur mühsam zu bewältigen. Besonders in Beyoğlu um das Galataviertel zwischen Karaköy und Taksim gibt es viele anstrengende Aufstiege. Wer es zur Abwechslung mal gemütlich und entspannt haben möchte, steigt in die Tünel-Bahn ein – eine unterirdisch verlaufende Standseilbahn aus dem Jahre 1875, mit der man wesentlich schneller zum Ziel gelangt. Am Fuße des Hügels angekommen, trifft man an der großen Tersane-Straße in Karaköy auf die Talstation der Tünel-Bahn, die bis zur Istiklal-Straße eine Distanz von gerade mal 600 Metern bewältigt. Mit dieser Wegstrecke zählt der Tünel zu den kürzesten U-Bahnen weltweit. Sie ist noch voll in Betrieb und gilt nach der Londoner Metro als die zweitälteste öffentliche Untergrundbahn der Welt. Etwa 5,5 Millionen Fahrgäste befördert sie jährlich. Es gibt nur zwei Stationen: die Talstation in Karaköy und die Bergstation in Beyoğlu. Nur 90 Sekunden dauert die Fahrt zwischen den beiden Stadtbezirken. Dabei legt die Tünel-Bahn mit rund 65.000 Fahrten im Jahr insgesamt etwa 37.000 Kilometer zurück. Eine Fahrt mit dem Tünel fühlt sich fast so an, als beame man sich von einem Ort zum anderen. Der französische Ingenieur Eugène-Henri Gavand wurde 1867 damit beauftragt, eine schnelle und mühelose Verbindung zu schaffen. Die Bauarbeiten begannen im Jahr 1871 und endeten 1874. Zunächst wurde die Bahn mit einer Dampfmaschine betrieben, 1971 wurde sie dann elektrifiziert. Ein Jahr darauf wurde die Metro mit einer prunkvollen Zeremonie eröffnet und in Betrieb genommen. Die letzte umfassende Restaurierung erfolgte 2007. Die kurze Erlebnisreise ist allemal einen Besuch wert – alleine schon wegen der kunstvoll gekachelten Wände im Bahnhofsinneren. Also dann: Steigen Sie ein in die historische Bahn, um 90 Sekunden pures Glück zu erleben und oben mit fröhlicher Leichtigkeit anzukommen. Gute Fahrt!

TIPP

Ratsam ist eine Fahrt bergauf!

- Talstation, Azapkapı, Tersane Cd. No:9, 34421 Beyoğlu/İstanbul, Bergstation, Şahkulu, Gümüşsuyu, İstiklal Cd. No:261, 34425 Beyoğlu/İstanbul
- ÖPNV: Straßenbahn T1, Haltestelle Karaköy Istasyonu; Metro T2, Haltestelle Şişhane

İETT YAŞINDA
IETT YEARS
150
1
BÜYÜKŞEHİR
İETT

Der Treibstoff der Stadt

35 Industrielles Kulturerbe in Kadıköy

Im 19. Jahrhundert war das Hasanpaşa Gazhanesi in Kadıköy lediglich eines von vier Gaswerken in Istanbul – die anderen Gaswerke befinden sich in Dolmabahçe, Yedikule und Kuzguncuk. Seit dem Sommer 2021 ist es ein facettenreiches Kulturzentrum und Klimamuseum, das mittlerweile als ein bedeutendes industrielles Kulturerbe der Türkei angesehen wird. Mit dem Istanbuler Stadtorchester, einem Chor sowie einer beeindruckenden Licht- und Lasershow wurde das neue Museum namens Gashanesi Müzesi auf dem Industriegelände an der Kurbağalıdere-Straße am 9. Juli 2021 feierlich eingeweiht.
Ursprünglich wurden die Istanbuler auf der asiatischen Seite mit dem Gaswerk in Kuzguncuk versorgt. Nachdem das Gas von dort aber nicht ausreichte, wurde beschlossen, ein weiteres Gaswerk zwischen Üsküdar und Kadıköy zu eröffnen. 1892 ging das Hasanpaşa Gazhanesi (auch bekannt als Kurbağalıdere Gazhanesi) in Betrieb. Das heute symbolträchtige Herzstück der Kunst- und Kulturmetropole war rund 100 Jahre lang der wichtigste Gaslieferant der Istanbuler auf der asiatischen Seite. Danach wurde das Gelände mehrmals umfunktioniert. Zeitweise diente es als Schrottplatz, Lager, Garage oder Mülldeponie. 1994 wurde beschlossen, die verbliebenen Teile zu demontieren. Durch den Widerstand der Anwohner und vieler privater Organisationen konnte der drohende Abriss verhindert werden – bis es schließlich unter Denkmalschutz gestellt wurde. Heute gibt es auf dem Gelände eine Bibliothek und zwei Theaterbühnen. Darüber hinaus beherbergt es auf einer Fläche von 31.500 Quadratmetern ein Klima- und Cartoonmuseum, ein Science Center, einige Ausstellungshallen sowie Bereiche für Spiele und andere Aktivitäten. Die Bauten auf dem Industriegebäude sind im Innenhof mit abstrakten markanten Kunstskulpturen geschmückt. Nach jahrelangen Restaurierungsarbeiten ist mit dem Gazhane-Museum ein völlig neuer Aktionsraum für Kunst und Kultur entstanden, ein Ort der Inspiration und neuen Energie.

- Kurbağalıdere Cd. No:125, Hasanpaşa/Kadıköy, 34722 Kadıköy/İstanbul, www.muzegazhane.istanbul/#home
- ÖPNV: Marmaray, Haltestelle Söğütlüçeşme; Metro M4, Haltestelle Acıbadem; Bus C52, 8, 8A, Haltestelle Müverrih Ata Sokak

Zwischen Himmel und Erde

36

Das Museum der Derwische

Sie lösen sich vom Hier und Jetzt, um einen Zustand religiöser Ekstase zu erreichen: die wirbelnden Derwische. Mevlana Celaleddin Rumi predigte Liebe, Toleranz und Nächstenliebe und glaubte, Gott durch Meditation, Musik und Tanz näher zu kommen. Daraus entstanden die Sema-Tänze der unablässig sich im Kreis drehenden Derwische, die ein beeindruckendes Schauspiel sind. Einen Ort, an dem man Musik und Tanz der Derwische erleben kann, gibt es inmitten von Istanbul. Läuft man die Istiklal-Straße hinunter, führt der Weg am Tünel-Platz vorbei zur Kuledibi-Galip-Dede-Straße – der Straßenname ist auf den Şeyh Galip zurückzuführen, der einst ein Dichter der Sufi-Literatur war. Etwa 60 Meter weiter befindet sich gleich auf der linken Seite die Mevlevîhâne – eines der wichtigsten osmanischen Denkmäler in Beyoğlu. Die Mevlevîhâne wurde 1941 erbaut und gilt als das erste große Mevlevî-Haus in Istanbul. Zu dieser Zeit war der Ort umgeben von einer schönen Landschaft mit Weinbergen und Gärten, die sich von der Außenseite der Galatamauern bis zu den Belgrader Wäldern erstreckten. Es stellte 1925 seine Tätigkeit als Derwisch-Tekke (Tekke ist ein Zentrum einer Sufi-Bruderschaft und bedeutet „Rückzugsort“, „Schutz“ oder „Asyl“) ein; 1975 wurde das Divan-Literaturmuseum eröffnet. Nach Renovierungsarbeiten zwischen 2005 und 2009 wurde daraus das Galata-Mevlevî-Museum. Es zeigt die Kleidung, Bücher, Kunst und Musikinstrumente der Derwische. Ratsam ist es, den Museumsbesuch mit einer Sema-Show zu kombinieren. Die sanften Töne einer Flöte lassen Geist und Seele erwachen und Kraft schöpfen. Die Sema-Tänzer tragen weiße, fließende Gewänder und beigefarbene, kegelförmige Hüte. Bei dem Tanz des Schicksals beginnt einer nach dem anderen, sich langsam im Kreis zu bewegen. Immer im Takt der Musik – die Kunst ist dabei, so zu tanzen, dass ihnen nicht schwindelig wird. Und wem schon beim Zuschauen schwindelig wird, der sollte die Augen schließen und sich ganz der beruhigenden Musik hingeben.

TIPP

Sema-Tänze finden in den Frühlings-, Herbst- und Sommermonaten an vielen Sonntagen um 17 Uhr statt.

- Galip Dede Cd. No:15, Tünel, 34220, Tel. +90 (212) 245 41 41
- ÖPNV: Metro M 2, Haltestelle Şişhane; Tünel F2, Haltestelle Beyoğlu

ÇEŞME KİTABELERİ

Tradition und Fortschritt

37 Die Şakirin-Moschee

Licht, Luft und Weite: Mit diesen Worten wird die Şakirin-Moschee oftmals beschrieben. Fragt man sich warum, wird die Frage spätestens bei einem Besuch der Moschee umgehend beantwortet. Anders als bei den gewöhnlichen Moscheen fällt die Şakirin-Moschee durch ihre moderne Architektur auf. Der Gebetsraum wird von einer riesigen Kuppel überspannt, die Wände sind statt aus massivem Gestein überwiegend aus Glas und aus eisernem Gitterwerk gestaltet. Auch die Mihrab, die Gebetsnische, die den Gläubigen die Richtung nach Mekka weist, ist alles andere als bescheiden. In türkisblauer und goldener Farbe tritt sie in einem futuristischen Stil hervor. Direkt unter der Kuppel hängen drei ineinander übergehende Kronleuchter – geschmückt mit Glaskugeln und LED-Lämpchen.

TIPP

Üsküdar beherbergt viele historische Moscheen aus dem 16. Jahrhundert.

Das Highlight der Moschee ist der kugelförmige Brunnen im Innenhof, der das Universum darstellen soll. Diese moderne Designer-Moschee steht ausgerechnet in dem relativ konservativen Stadtteil Üsküdar am nördlichen Rand des Karaca-Ahmet-Friedhofs. Sie wurde nach der wohlhabenden Stifterfamilie Şakir benannt und im Jahr 2009 eröffnet. Das Besondere ist, dass ihre Inneneinrichtung erstmalig von einer Frau gestaltet wurde. Die Kunsthistorikerin und Innenarchitektin Zeynep Fadıllıoğlu übernahm diese Aufgabe und hat dabei teilweise revolutionäre Entscheidungen getroffen. Beim Eintreten in die Moschee zum Beispiel benutzen sowohl Frauen als auch Männer denselben Haupteingang. Die lichtdurchfluteten Räume sollen Transparenz und Offenheit symbolisieren und strahlen zugleich Wärme und Geborgenheit aus. Man kann auch die Blicke nach draußen richten und weit schweifen lassen. Die angenehme Ruhe regt zum Nachdenken und Philosophieren an. Die Şakirin-Moschee, die für bis zu 500 Personen Platz bietet, vermag es, eine Brücke zwischen Tradition und Fortschritt zu schlagen.

● Barbaros, Nuhkuyusu Cd. No:2, 34662 Üsküdar/İstanbul
● ÖPNV: Bus 3, 9, 9A, 11K, 11P, 12A, 12C, 13 und Sammeltaxi C66, D23, D28, D31, D32, Haltestelle Zeynep Kamil hast.

Bootsfahrt auf dem Bosporus

38

Schiffsausflug zwischen zwei Kontinenten

Wenn man die klapprige Planke des „Vapur“ betritt, die städtische Fähre Istanbuls, stellt sich immer wieder das Gefühl purer Freiheit ein. Je nachdem, wohin die Reise gehen soll, steht man zunächst an den Schranken der Fährstation, die man für kleines Geld passiert, um zur Anlegestelle zu gelangen. Um sich einen guten Platz zu sichern, ist es von Vorteil, rechtzeitig an Bord zu sein. Die beliebtesten Plätze sind auf dem Unterdeck, wo eine weiße Bank an der Außenwand entlangläuft. Sobald ein Hafenarbeiter die Leinen löst und das Schiffshorn dreimal aufheult, geht es auch schon los. Jetzt beginnt das Fest für die Sinne: Während man den Blick über das glitzernde Blau des Bosporus schweifen lässt, warme Sonnenstrahlen das Gesicht berühren, der Wind durchs Haar weht und man das aufgeregte Kreischen der Möwen hört, gleitet die Fähre am Goldenen Horn an der Altstadtsilhouette Istanbuls entlang. Um den Bosporus zu überqueren, hat man die Wahl zwischen 50 Anlegestellen – die schönste Strecke ist die Fahrt nach Kadıköy. Die Überfahrt eignet sich bestens, um viele Sehenswürdigkeiten wie alte Paläste oder historische Herrenhäuser links und rechts des Ufers zu entdecken. Seit Jahrtausenden überqueren Boote die Gewässer des Bosporus. Bis zur Eröffnung der ersten Bosporus-Brücke 1973 waren sie die einzigen Verkehrsmittel zwischen der europäischen und der asiatischen Seite Istanbuls. Auch heute ist die Nutzung der Fähre für viele Istanbuler Alltag. Hunderttausende Menschen pendeln täglich zwischen den beiden Kontinenten. Die ersten privaten Dampffähren überquerten den Bosporus im Jahr 1837 – die ersten Fähren waren hölzerne Schaufelraddampfer, die später durch Dampfschiffe aus Eisen und Stahl ersetzt wurden. Der osmanische Staat gründete Mitte des 19. Jahrhunderts die Şirket-i Hayriye (Bootsgesellschaft), die ebenfalls auch die erste in der Türkei gegründete Aktiengesellschaft war, bis sie schließlich 1945 von der Staatsverwaltung übernommen wurde.

TIPP

Auf Deck gibt es Simit, Toast und Çay. Wie wäre es mit einem Frühstück während einer Vapur-Fahrt?

- Die Hauptanlegestellen sind Sirkeci/ Eminönü, Karaköy, Kabataş und Beşiktaş auf der europäischen und Üsküdar und Kadıköy auf der asiatischen Seite. Neben den städtischen Fähren (www.sehirhatlari.com.tr) schippern auch private Fähren.

Teatime mit Aussicht

39

Die Teestube am Ufer Üsküdars

Romantische Orte, von denen aus man den atemberaubenden Sonnenuntergang über den Minaretten der Moscheen und der vielen Brücken genießen kann, gibt es viele in Istanbul. Eine einmalige Aussicht bietet sich am Meeresufer vis-à-vis des Leanderturms Kız kulesi in Üsküdar. Für dieses unvergessliche Sonnenuntergangssightseeing lohnt sich der Spaziergang von der Şemsi-Ahmet-Paşa-Moschee entlang der Uferstraße Harem Sahil Yolu bis zum Anleger Salacak, von wo auch die Boote zum Kız kulesi fahren.

Die Istanbuler kennen den Kız kulesi als Mädchenturm, Europäer nennen ihn jedoch Leanderturm. Beide Namen berufen sich auf uralte Legenden. So bezieht sich der deutsche Name auf eine eigentlich von den Dardanellen stammenden Sage. Der Überlieferung nach schwamm Leander eines Nachts zu seiner Geliebten Hero. Als das von ihr aufgestellte Licht erlosch, verlor er die Orientierung und ertrank. Der türkische Name leitet sich von der Legende einer Prinzessin ab, die auf dieser Insel eingesperrt wurde, um sie vor den Folgen einer Wahrsagung zu schützen. Demnach werde sie von einer Schlange getötet. Auf der kleinen Insel wurde sie von einer Giftviper, welche versehentlich in einem Geschenkkorb zu ihr gelangt war, gebissen und getötet. Der etwa 30 Meter hohe Turm diente um 1600 als Leuchtturm. Von Zeit zu Zeit wurde er als Gefängnis, Quarantänestation, Zollhaus und Kontrollstation für die Überquerung des Bosporus verwendet. Heute beherbergt das Bauwerk von rund 1250 Quadratmetern, das auf einem Inselchen im offenen Meer liegt, ein Restaurant.

Etwa 200 Meter vor der Küste kann man auf teppichbelegten breiten Treppenstufen in der Sonne sitzen und den Ausblick auf den Leanderturm genießen. Während Tanker und Kreuzfahrtschiffe vorbeiziehen, lässt es sich mit einem Çay, Kaffee oder Sahlep auf den gemütlichen, tiefen Diwan-Polstern wunderbar entspannen und dabei Kağıt Helva, eine runde aromatisierte Waffel mit dünner Cremefüllung oder Sonnenblumenkerne, knabbern. Einfach himmlisch!

TIPP

Ein schöner Rückzugsort. Handy zur Seite legen, ein Buch zur Hand nehmen und einfach genießen.

- Salacak, Üsküdar Harem Sahil Yolu No:24, 34668 Üsküdar/İstanbul
- ÖPNV: Bus 2, 5, 6, 9, 9A, 11BE, 11C, 11D und Sammeltaxi C116, Haltestelle Kız kulesi; Marmaray M5, Haltestelle Üsküdar

Fisch frisch vom Schiff

40

Balık Ekmek an der Galatabrücke

Was für die Berliner die Currywurst ist, das ist das Fischbrötchen für die Istanbuler. Das Makrelen-Sandwich zählt zu den meistverkauften Snacks der Stadt und gehört längst zum kulinarischen Kulturgut der Stadt. Ob in den schicken Restaurants und Tavernen oder direkt aus der Hand verspeist: Die Fischbrötchen gibt es rund um die Galatabrücke und in Eminönü eigentlich überall.

Dabei sind es nur Sandwiches: Auf dem Grill geröstetes Weißbrot, ein gegrilltes Makrelenfilet, verfeinert mit Zwiebeln, Salat, Tomaten und Chili, ein Spritzer Zitrone und etwas Gewürz – schon ist das einfache Balık Ekmek fertig, wie das Kult-Fischbrötchen heißt. Dazu gibt es bei Bedarf einen Becher Turşu Suyu, in Essig und Salzlake eingelegtes Gemüse, was zum Fischsandwich ideal passt.

TIPP

Bei Sokak Lezeti-Mehmet Usta in Karaköy gibt es den besten Fisch-Dürüm.

Der beliebteste Snack der Istanbuler ist über 200 Jahre alt. Seit dem Jahr 1800 wurde Balık Ekmek von den Fischern direkt an der Galatabrücke und neben dem Schiffsanleger in Eminönü vom Boot aus verkauft. Die gegrillten Fischfilets waren besonders bei den Arbeitern angesagt. Heute nehmen die Touristen gerne auf den kleinen Holzhockern direkt vor den Fischkuttern am Ufer Platz. Die kleinen, aufwendig verzierten Boote wurden den historischen Originalen angepasst. Auch die Köche, die auf dem Boot die Fischsandwiches grillen und vorbereiten, sind traditionell gekleidet. Man kann gleich zünftig im Stehen das beliebte Streetfood genießen. Eine schöne Aussicht hat man von überall: Mit Blick auf den Bosporus sieht man die Galatabrücke, die die Stadtbezirke Eminönü und Karaköy miteinander verbindet. Sitzt man mit dem Rücken zum Wasser, sieht man die imposanten Moscheen, die aus der Gebäudesilhouette herausragen. Es ist zwar nur ein günstiger, schneller Happen, doch schenkt er besondere Momente. So fühlt sich ein Istanbuler Glücksgefühl an.

- Kalyatai Barbaros, Rüstem Paşa Mahallesi 34116, 34110 Fatih/İstanbul, Tel. +90 (8 50) 3 03 78 18
- ÖPNV: Fähre Eminönü; Bus 26, 33E, 33TE, 79E, 92, Haltestelle Eminönü; Straßenbahn T1, Haltestelle Eminönü

Kalyata-i
Barbaros

Unterhaltung, die verzaubert

41

Magische Momente im Cahide Palazzo

Wer das Cahide Palazzo besucht, sieht pompöse Shows, extravagante Kostüme und viel Glitzer, so weit das Auge reicht. An diesem Ort verschmelzen Show, Dinner und Ambiente zu einem faszinierenden Gesamterlebnis. Das Cahide Palazzo ist mit seinem bunten Unterhaltungsprogramm aus artistischen, tänzerischen und musikalischen Vorstellungen ein Novum, das es so in der Türkei sonst nirgends gibt. Das Varieté befindet sich auf der europäischen Seite im Bezirk Maslak – einem der wichtigsten Geschäftsviertel von Sarıyer. Der Szenetreff liegt inmitten von Wolkenkratzern – in der Nähe des derzeit höchsten Hochhauses, dem Skyland Istanbul mit einer Höhe von rund 300 Metern. Das Cahide Palazzo präsentiert mitreißende Inszenierungen, facettenreiche und temperamentvolle Veranstaltungen mit großartigen Artisten, Akrobaten und Comedians. Die verschiedenen Darbietungen fügen sich zu einer traumhaft choreografierten Show. Dazu werden Drag Queens und Diven, für manche Events auch internationale Superstars, wie zum Beispiel Tänzer des Cirque Du Soleil, eingeladen. Schon beim Betreten des Varietés fühlt man sich in eine Märchenwelt versetzt. Überdimensionale Fabelwesen und surreale Figuren zieren den Innenbereich der Theaterhalle. Die Farben Gold und Rot sind besonders dominant, glanzvolle Stoffe in Samt und Leopardenmuster sowie goldene Ornamente schmücken Möbel und Wände. Von den Decken hängen opulente Kronleuchter und Discokugeln, die die Räumlichkeiten in warmes Licht tauchen. Bis ins letzte Detail ausgesuchte Accessoires, wie Glitzerkissen, Federn, Wandspiegel und Kristallkerzenständer, hauchen den Räumlichkeiten eine moderne Casino-Atmosphäre ein. Rolltreppen zwischen riesigen Statuen und Büsten hindurch entführen die Gäste in einen einzigartigen Veranstaltungsort. Luxus, Verspieltheit und Romantik treffen hier aufeinander und bilden ein wahrhaft magisches Universum.

TIPP

Es gibt ein Fix-Menü, das deutlich günstiger ist, als à la carte zu speisen.

● Maslak Mah Taş Yoncası Sok, Maslak 1453 Cd. No:1-HD:B30, 34367 Sarıyer/İstanbul, Tel. +90 (2 12) 7 06 78 90, www.cahidepalazzo.com.tr
● ÖPNV: Bus 41N, Haltestelle Evren Caddesi; Sammeltaxis SRY18, Haltestelle Nişantaşi Üniversitesi; Metro M2, Haltestelle Itü-Ayazağa Istasyonu

Seele des Buchhandels

42 Der Bücherbasar Sahaflar Çarşısı

Kalligrafien, Miniaturmalereien, Postkarten, religiöse Schriften und Bücher über Bücher – ein Meer von Büchern. Ob neu oder antiquarisch, türkisch oder international: Hier im Sahaflar Çarşısı, dem ältesten Büchermarkt der Stadt, findet man das Glück zwischen den Zeilen. Einst im Großen Basar beheimatet, liegt der Bücherbasar heute in einem alten Innenhof auf dem Platz der Chartoprateia, direkt zwischen der Beyazıt-Moschee und dem Großen Basar. Bis ins 15. Jahrhundert reicht er zurück. So war am selbigen Platz zur byzantinischen Zeit ebenfalls ein Buch- und Papiermarkt. Inmitten des Sahaflar Çarşısı steht die Büste von Imbrahim Müteferrika (1674–1745), einem jüdisch-ungarischen Gelehrten. Dieses Denkmal soll an die von ihm im Jahre 1726 in Istanbul eröffnete erste osmanische Druckerei erinnern. Zu dieser Zeit war das ein aufsehenerregendes Ereignis, denn bis dahin durften nur Handschriften verkauft werden.

TIPP

Gleich nebenan im Großen Basar (Kapalı Çarsı) weiterbummeln.

Bei einem Erdbeben Ende des 19. Jahrhunderts wurden die Geschäfte stark beschädigt und mussten an ihren heutigen Standort verlegt werden. Ein weiterer Rückschlag war ein großer Brand im Jahr 1950, der ebenfalls seinen Tribut forderte, wertvolle Manuskripte wurden vernichtet. Kurz danach hat man alle Buchhandlungen verstaatlicht und wieder aufgebaut.

Rund 50 Läden mit bis zu 300 Angestellten soll es damals gegeben haben. Heute gibt es halb so viele Buchhandlungen im Sahaflar Çarşısı. Das ist unter anderem dem unvermeidlichen Aufstieg des modernen Online-Buchhandels geschuldet. War der Basar früher bekannt für Raritäten und Secondhand-Bücher, gibt es heute viele Fremdsprachenbücher, spezifische Fachpublikationen sowie Lehrbücher für Schule und Studium. Nach wie vor findet man aber auch antiquarische Bücher, Bildbände und Publikationen über antike Kulturen, das Osmanische Reich sowie Bücher über die Geschichte der Türkei. Wer sich hier Zeit nimmt, kann so manche freudige literarische Entdeckung machen.

● Mollafenari, Medrese Çk. No:4, 34120 Fatih/İstanbul

● ÖPNV: Straßenbahn T1, Haltestelle Beyazıt Kapalı Çarsı; Bus 94A, 97G, Haltestelle Beyazıt

KARADENIZ
DAN BROWN
GREY WOLF
SOUVENIR
ALBERT CAMUS
FLASH
ALL★STAR
BATMAN
WOLVERINE'IN
SUIKAST
SINIFI
YUSEI MATSUI
ONE PIECE
TITAN'A SALDIRI
NARUTO
ONE PUNCH MAN
NEW AVENGERS
İÇ SAVAŞ
HARLEY QUINN

Lächeln macht glücklich

43 Café Tebessüm in Üsküdar

Im Café Tebessüm wird dem Gast als Erstes ein freundliches Lächeln geschenkt. Kaum kommt man zur Tür herein, grüßen die Angestellten mit „Merhaba, hoşgeldiniz“ (Hallo und herzlich willkommen!). Das wirkt keineswegs aufgesetzt, sondern der Name Tebessüm (dt. Lächeln) hält, was er verspricht. Hier arbeiten Menschen mit Downsyndrom. Für viele von ihnen ist es der erste Job ihres Lebens, manche sind schon alte Hasen. Das Café wurde im Rahmen eines von der Gemeinde Üsküdar initiierten Projekts im Garten des Burhan-Felek-Herrenhauses gegründet und wird von insgesamt zehn Mitarbeitern im Alter zwischen 18 und 35 Jahren betrieben. Qualifiziert in den Belangen des gastronomischen Service, arbeiten die Mitarbeiter unter der Leitung von Şermin Çoban in zwei Schichten, sechs Stunden lang und immer in Fünfergruppen. Das Café ist schlicht und ansprechend eingerichtet. Die weißen Holzwände mit Stuck und die vielen Fenster machen den Raum hell – überhaupt ist die Atmosphäre sehr warm, herzlich und unkompliziert. Ziel des Kaffeehaus-Projektes ist es vor allem, Vorurteile gegenüber Menschen mit Downsyndrom aufzulösen. Mustafa Yıldız ist der stellvertretende Leiter der sozialen Dienste der Gemeinde Üsküdar. Er hat das Tebessüm Kahvesi mit dem Ziel entwickelt, langfristige Projekte zu gestalten, die die Inklusion benachteiligter Gruppen fördern: „Wir wollten Menschen mit benachteiligten Gruppen zusammenbringen und die Kette der Vorurteile durchbrechen. Hier sehen die Leute, dass Menschen mit Downsyndrom tatsächlich mehr Wert auf Hygiene legen, als man ihnen zutraut. Sie erledigen ihre Arbeit mit großer Gründlichkeit und sind echte Profis auf dem Feld“, sagt Yıldız. Ihr Wunsch ist es, dass hier nur Gäste einkehren, die ebenfalls lächeln. Also: Mundwinkel anheben und Platz nehmen im Gute-Laune-Café.

TIPP

Ganz in der Nähe ist das Hababam Sınıfı – ein Museum zu einer kultigen Schulfilmreihe.

● Barbaros, Veysi Paşa Sk. No:14, 34662 Üsküdar/İstanbul, Tel. +90 (5 52) 5 36 81 27
www.tebessumkahvesi.com.tr

● ÖPNV: Bus 5, 12C, 14C, 14FD; Sammeltaxi C76, Haltestelle Burhan Felek Kasrı

Tebessüm
Kahvesi
iyi ki ÜSKÜDAR var!

Tor zur Welt

44 Ein Hafenspaziergang am Galataport

Die vielseitige Metropole am Bosporus hat einen neuen Hafen: den Galataport. Das seit Jahren andauernde Großprojekt verbindet das städtische Leben mit dem Meer und bietet einen neuen Zugang zur einzigartigen Kultur Istanbuls. Der Kreuzfahrthafen befindet sich in der Nähe des Galataturms in Karaköy und erstreckt sich entlang der 1,2 Kilometer langen Küste vom Hafen von Karaköy bis zum Campus der Mimar-Sinan-Universität in Fındıklı. Mit seinem unterirdischen Kreuzfahrt-Terminal, vielen Restaurants und Cafés, Geschäften, Museen, Büros und einem Hotel bietet der Galataport einen weiteren attraktiven Erlebnisraum für einheimische und ausländische Touristen. Wer wegen der spektakulären Lage allerdings nur Schickimicki-Gastronomie erwartet, irrt sich – von Pommes und Burgern bis hin zu Steaks und Fischspeisen gibt es hier fast alles.

Die historischen Gebäude innerhalb des Geländes wurden restauriert, darunter die drei denkmalgeschützten Bauten Merkez Han, Karaköy Passenger Terminal und Çinili Han. Das Postamt Paket Postanesi mit seiner charakteristischen Fassade und dem typischen Schieferdach ist eines der prächtigsten Gebäude am Pier und wird ebenfalls wiederhergerichtet – hier sollen etwa 70 Boutiquen einziehen. Zwischen den beiden spektakulären Kunstmuseen Istanbul Modern und Istanbul State Art and Sculpture Museum befindet sich auf dem Tophane-Platz der Tophane-Uhrenturm aus dem Jahr 1848, auch Nusretiye Clock Tower genannt. Sobald man den Galataport vom Museumsplatz aus betritt, läuft man auf die vielen Geschäfte zu, die an eine offene Shoppingmall erinnern. Gleich dahinter befindet sich ein wahrer Glücksort: die Promenade. Hier lässt man den Blick über das Meer schweifen und genießt es, ein wenig tagzuträumen. Das Rauschen der Wellen, die salzige Meeresluft und die frische Brise auf der Haut sorgen für herrlich sorglose Momente. Erwischt man noch dazu den Sonnenuntergang mit Blick auf die Altstadt-Halbinsel, kann der Tag kaum poetischer zu Ende gehen.

TIPP

Wer noch nicht im Istanbul Modern war, sollte das unbedingt nachholen! Infos auf www.istanbulmodern.org.

- Kılıçali Paşa Mahallesi, Meclis-i Mebusan Caddesi No:8, İç Kapı No:102, 34433 Beyoğlu/İstanbul, Tel. +90 (4 44) 52 66, www.galataport.com
- ÖPNV: Straßenbahn T1, Haltestelle Tophane oder Fındıklı Mimar Sinan Üniversitesi; Bus 26, 26a, 28, 28T, 30D, 70KE, Haltestelle Salıpazarı

45

Das Café Perispri in Balat

Das Café Perispri ist ein Ort, an dem Kunst und Gastronomie besonders gelungen aufeinandertreffen. Hier hat die Bildhauerin und Keramikkünstlerin Cahide Erel ihre Leidenschaften miteinander vereint, Kunst und Design gepaart mit kulinarischen Genüssen. Das üppig mit Kletterpflanzen berankte Gebäude war ehemals ein Lagerhaus. Nun gleicht die Inneneinrichtung eher einem Antiquitätenladen und hat etwas von Omas altem Wohnzimmer aus den 50er-Jahren. Das schicke Restaurant überzeugt gerade durch sein Interieur und viele liebevoll in Szene gesetzte Details. Zu den alten Vitrinen und Kommoden mit barocken Ornamenten, teilweise aus hochwertigem Mahagoniholz, gesellen sich, beherzt miteinander kombiniert, verschnörkelte Holzstühle, ein gemütlicher Ohrensessel, Vasen aus Glas oder Keramik, goldgerahmte Spiegel, Wandteller und sogar eine Kuckucksuhr. Vieles von dem alten Geschirr und Besteck sowie das Milch-und-Zucker-Set aus Kristallglas hat die Künstlerin von ihrer Großmutter und Großtante geerbt. Die opulenten Kerzenständer, Lampenschirme und Kronleuchter erzeugen eine entspannte, warme und romantische Atmosphäre. Aber das Perispri ist nicht nur ein sehr individuell eingerichtetes Café, sondern auch eine Kunstgalerie. Denn schweift der Blick durch den Raum, entdeckt man auch einige Werke von Cahide Erel an den Wänden und an der Decke. Sie stellt ihre Arbeiten international aus und ist für ihr vielseitiges Schaffen bekannt. 2020 wurde sie zu den jährlich von der UNESCO organisierten Veranstaltungen nach Paris eingeladen und repräsentierte mit ihren 450 Werken auch viele andere erfolgreiche Frauen in der Türkei. So vielfältig wie ihre Kunst ist die Küche, die byzantinische, genuesische, türkische, armenische und griechische Esskulturen zusammenbringt. Und wenn Erel statt Pinsel und Werkzeug den Kochlöffel zur Hand nimmt, haben ihre Gäste besonderes Glück.

TIPP

An den Wochenenden gibt es klassische Livemusik am Klavier.

● Yavuz Sultan Selim, Mahallesi, Dr. Sadık Ahmet Cd. No:10, 34083 Fatih/İstanbul, Tel. +90 (5 34) 5 11 64 04, www.perisprifener.com

● ÖPNV: Fähre, Haltestelle Fener; Straßenbahn T5, Haltestelle Fener; Bus 32T, 33ES, 36CE, 41Y, 44B, 48E, 55T, 99, Haltestelle Ayakapı

Reisen auf zwei Rädern

46

Mit dem Leihfahrrad an den Küsten Istanbuls

Ein ofenfrisches Simit auf dem Gepäckträger, die Thermoskanne Çay im Lenkerkorb – mit dem Fahrrad gemächlich durch Istanbul radeln – was gibt es Schöneres? Obwohl es nur wenige Radwege gibt, lässt sich die pulsierende Stadt mit dem Fahrrad sehr gut erkunden. Das Tolle ist: Man erlebt die Metropole tatsächlich ganz anders! Nicht als gewöhnlicher Tourist, sondern vielmehr wie ein Einheimischer. Es gibt verschiedene Optionen, um ein Fahrrad auszuleihen: Mitunter haben die Hotels einen eigenen Fahrradverleih, darüber hinaus gibt es geführte Fahrradtouren von Veranstaltern, die interessante versteckte Winkel anfahren. Oder man leiht sich das Rad von Bike-Sharing-Stationen aus, wie beispielsweise dem öffentlichen Fahrradverleihsystem ISBIKE, das 2012 ins Leben gerufen wurde. Aktuell bedient es mit 261 Stationen und etwa 2700 Fahrrädern die europäische als auch die asiatische Seite.

TIPP

Leihfahrräder gibt es auch auf der asiatischen Seite, ideal ist die Strecke am Caddebostan Sahili.

Eine ideale Strecke, um angenehme Ausflüge per Rad zu unternehmen, sind die Routen an der Küste entlang. Von Karaköy über Beşiktaş bis nach Sarıyer gibt es auf der rund 30 Kilometer langen Tour 21 Stationen, an der die Fahrräder abgeholt und wieder abgestellt werden können. Da besonders diese Strecke, egal ob unter der Woche oder am Wochenende, vom Straßenverkehr stark belastet ist und im Dauerstau erstickt, bietet es sich hier umso mehr an, mit dem Fahrrad unterwegs zu sein. Die Räder können natürlich auch per App bestellt werden. Es werden drei Tarife angeboten. Neben zwei Jahresabonnements gibt es die Möglichkeit, per Kreditkarte eine einmalige Provisionspauschale von 50 Lira und für jede weitere Stunde sechs Lira zu bezahlen. Fährt man von Beşiktaş Richtung Bebek, trifft man auf viele Sehenswürdigkeiten. Am großen Dolmabahçe-Palast vorbei zum Çırağan-Palast passiert man kurz vor der Bosporus-Brücke die Große-Mecidiye-Moschee direkt am Küstenrand von Ortaköy. So verspricht eine Stadterkundung auf zwei Rädern nicht nur viel Spaß, sondern spart zudem kostbare Zeit.

● Eine beliebte Route auf der europäischen Seite ist z. B. von Ortaköy (Fahrrad-Station: Muallim Naci Caddesi, auf der Höhe von Burger King) bis zur Festung Rumeli.

İsbike
Bisiklet
Okulu
ISPARK

Joghurt über alles

47

Die berühmte weiße cremige Masse aus Kanlıca

Ob bei der Vorspeise, als Dip neben dem Hauptgericht oder als Nachtisch: Naturjoghurt essen türkeistämmige Menschen besonders gerne. Sogar das berühmte Nationalgetränk Ayran wird aus Joghurt hergestellt. Wer ein Fan des köstlichen Milchprodukts ist, sollte das charmante Dörfchen Kanlıca besuchen. Es ist ein Bezirk in Beykoz auf der asiatischen Seite und liegt gut 2 Kilometer nördlich von Anadolu Hisarı. Kanlıca ist für seinen leckeren und extrasahnigen Naturjoghurt berühmt. Deshalb gibt es viele sogenannte Yoğurtcu-Cafés (Joghurt-Cafés) in der Stadt und am Ufer, die den stichfesten Joghurt aus fermentierter Büffel-, Schafs- und Kuhmilch anbieten. Der einzigartige Geschmack des fetthaltigen Milchproduktes entsteht offenbar durch das spezielle Gras, das die Kühe hier fressen. Einer Legende nach hatte das Gras vor gut 150 Jahren noch eine rötliche Farbe, daher habe das Dorf seinen Namen Kanlıca, zu Deutsch die „Blutige", erhalten.

TIPP

Wandermöglichkeiten durch die herrliche Natur des nahe liegenden Hıdiv Kasrı Korusu und Mihrabat Korusu.

Der Joghurt wird in Kanlıca traditionell mit einem Häufchen Puderzucker serviert. Inzwischen gibt es jedoch die verschiedensten Variationen: ob mit frischen Früchten, Honig, Marmelade oder mit Pekmez, einem süßen melasseähnlichen Sirup aus Trauben. Am schönsten löffeln lässt sich die überaus schmackhafte Delikatesse im Café Ismailağa. Es liegt direkt am Ufer, sodass man beim Schlemmen einen fantastischen Blick auf die vorbeiziehenden Fähren und Fischerboote hat. Produziert wird der Joghurt direkt vor Ort. Es gibt Familienunternehmen, die über Generationen geführt werden, so wie etwa das der Familie Sakkaf, die seit rund 130 Jahren Joghurt produziert. Eine weitere beliebte Joghurtmarke ist Kanlıca Doğa Yoğurdu, die jahrhundertalte Molkerei wird bereits in dritter Generation geführt. Noch eine kurze Anmerkung: Das Wort Joghurt ist vom türkischen „yoğurt" entlehnt und heißt „gegorene Milch". Joghurt oder Yoğurt wird außerdem abgeleitet von „yoğurmak", was so viel bedeutet wie kneten oder mischen.

- Kanlıca, Barış Manço Cd. No:4, 34810 Beykoz/İstanbul, Tel. +90 (216) 413 52 29
- ÖPNV: Fähre, Haltestelle Kanıca; Bus 11H, 15, 15A, 15BK, 15F, 15P, 15T, 15TA oder Sammeltaxi C306, Haltestelle Kanıca

Eskimeyen Tat
Kanlıca
Doğa Yoğurdu
Pudra Şekeri
www.tekci.com.tr
KARAYEL

Das Leben feiern

48 Das Vergnügungsviertel in Kadıköy

Tolle Cocktails und Musik gibt es in der ganzen Stadt. Denn auch wenn Taksim vielen als *das* Partyviertel gilt, lässt es sich ebenso gut auf der Ausgehmeile Barlar Sokağı in Kadıköy feiern. Der eigentliche Name der Straße ist Kadife Sokağı. Doch weil hier und in der Umgebung ein Klub auf den anderen folgt, wurde die Straße umgetauft in Barlar Sokağı, zu Deutsch „die Straße der Bars". Die Gegend gilt auf der asiatischen Seite als eines der lebhaftesten Amüsierviertel. In Istanbul ist es üblich, dass sich jeder in seinem Kiez aufhält. Da Kadıköy weit von den touristischen Gebieten entfernt liegt, handelt es sich beim Publikum auch eher um Kiezgänger, die in ihrem Viertel feiern wollen. Der Stadtteil ist bekannt für seine weltoffene Atmosphäre, was nicht zuletzt den jungen, aufgeschlossenen Bewohnern zu verdanken ist.

TIPP

Zum Ausnüchtern geht man traditionellerweise in ein Suppenhaus. Das Kimyon ist gleich nebenan.

Insgesamt gibt es in dem Viertel mehr als 300 Pubs, Bars und Klubs. Das Karga ist beispielsweise eine der ältesten Bars. Mit seinen hohen Decken, gedämpften Lichtern und Holztreppen wartet es in einem historischen fünfstöckigen Gebäude mit einer sehr beeindruckenden Atmosphäre auf. Während die ersten drei Stockwerke als Café und Bar fungieren, dienen die vierte und fünfte Etage des Gebäudes als multifunktionaler Kultur- und Kunstort namens KargART. Auf einem ähnlichen Konzept beruht das Bina. Auf vier Etagen, darunter ein Gartenbereich, werden Partys, Filmvorführungen, Konzerte und weitere Veranstaltungen wie Kunstausstellungen angeboten. Das Bina ist außerdem bekannt für seine vielen Biersorten und besonders guten Cocktails. Etwa 7 Minuten fußläufig von der Kadife Sokağı entfernt, gibt es an der Neşet-Ömer-Straße das Dorock XL. Mit rund 2000 Quadratmetern ist es eine der größten Indoor-Livemusik-Bühnen in Kadıköy. Es verfügt über eine Bühne für Konzerte, ein Café und Bistro sowie eine E-Sport-Bar. Alles in allem ist Kadıköy ein wunderbarer Stadtteil zum Ausgehen, Spaßhaben und Genießen. Hier feiert man sich glücklich.

- Caferağa, Kadife Sk. No:26, 34710 Kadıköy/İstanbul
- ÖPNV: Straßenbahn T3, Haltestelle Kilise oder Bahariye

BUDDHA
BARMY
EFES
BUD
OZEL
EFES

Zimtiger Wintertrunk

49

Vefa Bozacısı in Fatih

Es ist dickflüssig, leicht säuerlich, aber doch süß und prickelt ein wenig auf der Zunge: Boza heißt das fermentierte Getreidegetränk und erinnert viele Istanbuler an alte Zeiten, Kindheit und Tradition. „Booozaaa, Boz" – so schreien die Straßenverkäufer lauthals, wenn sie durch die Gassen laufen und das Getränk in Kupfertöpfen mal hier, mal dort anbieten. Aber das wohl bekannteste und beste Boza der Stadt gibt es in der Schenke Vefa Bozacısı. Das Geschäft ist ein jahrhundertaltes Familienunternehmen und liegt im Stadtteil Vefa in Fatih an der Vefa-Straße, direkt neben der Mimar-Mehmet-Ağa-Moschee.

Bei Boza handelt es sich um ein typisches Wintergetränk, das aus Hirsegrieß, Zucker und Wasser hergestellt wird. In anderen Ländern wird es auch aus Getreidesorten wie Mais, Roggen, Hafer, Weizen oder Bulgur produziert. Die Istanbuler schwören auf seine heilende Wirkung. So soll das nahrhafte Getränk unter anderem die Verdauung fördern. Auch wird es für Schwangere und Sportler als Energie- und Vitamingetränk empfohlen.

Das Vefa Bozacısı, das seit dem 19. Jahrhundert bis heute über vier Generationen geführt wird, ist inzwischen nicht nur der Name des Lokals, sondern längst auch eine eingetragene Marke. Die ausgetretene Marmorstufe direkt am Eingang zeugt von der Beliebtheit des legendären Boza-Geschäfts, in dem die Flaschen und Gläser fein aufgereiht auf der Theke und in den Holzregalen stehen. Getrunken wird Boza üblicherweise mit einer Prise Zimt und gerösteten Kichererbsen (leblebi), die man im Laden gleich gegenüber erwerben kann. Obwohl Boza zu den Getränken gezählt wird, kann man es wegen seiner sämigen Konsistenz auch löffeln. Die einzigartige Rezeptur geht auf Hacı Sadık Bey zurück, der 1870 von Prizren in Albanien nach Istanbul gekommen ist. Einst wurde Boza im Keller seines Hauses hergestellt, nun wird das Traditionsgetränk in der Boza-Brauerei in Çorlu produziert und versüßt bis heute mit seinem einzigartigen Geschmack das Leben in Istanbul.

TIPP

Es werden auch andere Getränke wie Şıra angeboten, ein Getränk, das aus Rosinen gewonnen wird.

- Mollahüsrev, Vefa Cd. No:66, 34134 Fatih/İstanbul, Tel. +90 (212) 519 49 22 www.vefa.com.tr
- ÖPNV: Metro M2, Haltestelle Vezneciler; Bus 28, 28T, 30D, 31E, 32, 32T, 33, 33B, Haltestelle Vefa

VEFA
BOZACISI
1876
GLUTEN İÇERMEZ
PROBİYOTİK
Boza

Farbenfrohe Keramik

50

Der Fayencen-Pavillon im Topkapı-Palast

Kultur – davon hat die geschichtsträchtige Stadt auf beiden Seiten des Bosporus viel zu bieten. Einen guten Einblick in die Vor- und Frühgeschichte Istanbuls, des Osmanischen Reichs, aber auch insgesamt der Türkei und der benachbarten Völker gibt das Archäologische Museum. Es setzt sich zusammen aus dem Museum für orientalische Altertümer, dem Fayencen-Pavillon und dem Antikenmuseum. Mit einzigartigen, jahrtausendealten Fundstücken zählt der Museumskomplex mit seinen Sammlungen zu den fünf größten archäologischen Museen der Welt. Çinili Köşk, also der Fayencen-Pavillon, auch Fliesen-Häuschen genannt, sticht besonders hervor. Im Jahre 1472 ließ der Eroberer Mehmet II. das Gebäude bauen. Damit ist es eines der ältesten Gebäude im Topkapı-Palast. Während der osmanischen Zeit nutzte man es als Lustpavillon. Ursprünglich gab es insgesamt drei solcher Pavillons, die durch ihre Baustile (griechisch, türkisch, persisch) die drei Weltgegenden des Osmanischen Reichs symbolisieren sollten. Das Çinili Köşk ist im persischen Baustil errichtet und der einzige heute erhaltene Pavillon. Von der ursprünglichen Fliesenverkleidung ist nur noch wenig erhalten. Dennoch ist der Bau allein schon wegen seiner indisch anmutenden Architektur und Ausstattung ein Meisterwerk. Seit Mitte des 20. Jahrhunderts beherbergt der Profanbau bedeutende Fayencesammlungen, meist Keramiken aus dem Topkapı-Palast, die im großen Keramikzentrum Iznik hergestellt worden sind. Gleich im ersten Raum stehen auf der linken Seite die ältesten Exponate – seldschukische Fayencen und Keramiken aus dem 11. bis 14. Jahrhundert. Ein Hingucker ist vor allem der mit Fayencen reich verzierte Mihrāb (die Gebetsnische in Moscheen) mit floralen und geometrischen Mustern, der sich im Hauptraum befindet. Wer sich nach so vielen Eindrücken nach einer Oase der Ruhe sehnt, kann den kleinen Teegarten mitten im Skulpturenpark besuchen. Dort lässt es sich zwischen alten Bäumen, Säulen und Statuen wunderbar entspannen.

TIPP

Für den weitläufigen Museumskomplex sollte man viel Zeit einplanen.

- Cankurtaran, 34122 Fatih/İstanbul, Tel. +90 (2 12) 5 20 77 41
- ÖPNV: Straßenbahn T1, Haltestelle Gülhane İstastasyonu; Marmaray, Haltestelle Sirkeci

Garten der Poesie

51

Der Gülhane-Park als Ruhepol der Altstadt

Es führt fast kein Weg daran vorbei – am Gülhane-Park in Fatih-Eminönü, was so viel bedeutet wie „Heimat der Rose“ oder „Rosenhaus“. Dort und in seiner Umgebung wimmelt es nur so von Sehenswürdigkeiten, die zweifellos zu den Must-sees gehören. Ob antike Überreste, alte osmanische und byzantinische Bauten oder bedeutende Museen zur frühgeschichtlichen und antiken Kultur. In unmittelbarer Nähe östlich vom Park befindet sich beispielsweise ein Museumskomplex, der neben dem archäologischen Museum den Fayence-Pavillon (Çinili Köşk) und das Museum für orientalische Altertümer (Eski Şark Eserleri Müzesi) umfasst. Auch grenzen die Irenenkirche (Aya Irini), das Alay Köşkü (Bibliothek und Literaturmuseum, das nach dem türkischen Schriftsteller Ahmet Hamdi Tanpınar benannt ist), das Hauptpostamt (Büyük Postane) und der kaum übersehbare Topkapı-Palast (Topkapı Sarayı) an den Gülhane-Park. Das Museum für islamische Technik und Wissenschaft liegt am westlichen Rand des Parks und die historische Gotensäule (eine römische Siegessäule) befindet sich im nördlichen Teil.

TIPP

Im Frühling besuchen, denn dann blühen über 2 Mio. Tulpen, darunter 49 verschiedene Arten.

Zwar ist der Garten in prominenter Lage am Bosporus ein beliebter Treffpunkt für Touristen, aber er ist auch ein Ruheort für die noch innerhalb der Mauern lebenden Istanbuler. Einst war die Anlage ein Teil des Topkapı-Palastes. Seit Anfang des 20. Jahrhunderts ist sie jedoch ein öffentlicher Volkspark mit attraktiven Veranstaltungs- und Freizeitangeboten sowie Teegärten und Cafés zum Entspannen und Genießen. Der ehemalige Rosengarten mit Brunnen und Tierskulpturen beherbergt heute eher Tulpenarten und über jahrhundertalte Walnuss- und Eichenbäume. Als eine der weitläufigsten Grünanlagen der Stadt erstreckt sich der Park etwa über 1 Kilometer an den Nordwesthängen des Akropolis-Hügels entlang und bietet einen beeindruckenden Panoramablick auf das Marmarameer. Insbesondere am Wochenende bevölkern ihn viele Menschen, teils große Familien, um hier gemütlich, etwa mit Waffeln oder geröstetem Mais, zu picknicken.

● Cankurtaran, Kennedy Cd., 34122 Fatih/İstanbul

● ÖPNV: Straßenbahn T1, Haltestelle Gülhane İstasyonu; Marmaray, Haltestelle Sirkeci İstasyonu; Bus BN1, Haltestelle Sarayburnu

Wünsch dir was!

52 Die Glückssäule in der Hagia-Sophia-Moschee

Sie ist bei Weitem das bekannteste Bauwerk der Stadt: die Hagia-Sophia-Moschee (Ayasofya) – auch Kirche der heiligen Weisheit genannt. Aber kleinere Baudetails, wie die sogenannte Glückssäule, kennen einige vielleicht noch nicht. Die Tatsache, dass an diesem Ort eine hohe Luftfeuchte herrscht, führte dazu, dass diese Säule auch als „schwitzende Säule" bezeichnet wird. In der ehemaligen Kirche – seit 1935 Museum, heute Moschee – befindet sie sich im nordwestlichen Teil. Die mit einer Bronzeplatte bedeckte Säule hat in der Mitte eine winzig kleine Vertiefung, gerade einmal so groß, dass ein Finger hineinpasst. Es gibt zahlreiche Sagen, die sich um die Glückssäule ranken, eine davon verspricht, Wünsche zu erfüllen. Demnach berühren Gläubige immer wieder diese Säule in der Hoffnung, dass ihre Bitten wahr werden, sofern man es schafft, seinen Daumen in der Mulde einmal im Uhrzeigersinn um 360 Grad zu drehen.

Es wird erzählt, dass Kaiser Justinian während des Oströmischen Reiches starke Kopfschmerzen gehabt haben soll. Nachdem er seinen Kopf an diese Säule gelehnt hatte, wurden seine Schmerzen gelindert. Die Geschichte verbreitete sich so anhaltend unter der Bevölkerung, dass bis heute der Säule auch heilende Eigenschaften zugesprochen werden. In einer anderen Legende stammt das Kondenswasser in der Mulde der Säule von den Tränen der heiligen Maria.

Die Ayasofya beherbergt aber noch viele weitere Schätze. In den Jahrhunderten während der byzantinischen Zeit war sie mit goldenen Mosaiken verziert. Diese Mosaike zeigten christliche Bildnisse wie zum Beispiel von der Jungfrau Maria oder von Jesus. Heute hängen neben sechsflügeligen Engeln riesige Kalligrafietafeln mit den Namen Allahs. Die prachtvoll opulente Gestaltung von innen und außen und das Zusammenkommen von zwei Weltreligionen machen die Ayasofya zu einem einzigartigen Gotteshaus. Ein wahrlich beeindruckender Ort, an dem man sein Glück auf die Probe stellen kann.

TIPP
Das Kopftuch nicht vergessen. Seit der Umwandlung in eine Moschee gibt es eine Kleiderordnung.

● Sultan Ahmet, Ayasofya Meydanı No:1, 34122 Fatih/İstanbul, Tel. +90 (212) 5 22 17 50
● ÖPNV: Straßenbahn T1, Haltestelle Sultanahmet; Bus BN1, Haltestelle Akbıyık

Reis bringt Glück

53

Der echte Unkapanı Pilavcısı

Die Reisverkäufer der Großstadt – sie streifen täglich durch Istanbuls Straßen, sind recht unscheinbar und servieren immer dasselbe Gericht: Reis mit Kichererbsen, dazu meistens Hähnchen. Manchmal gibt es stattdessen auch gebratenes Lammfleisch. Es ist ein einfaches Gericht ohne Schnickschnack. Dennoch ist es in der gesamten Region eine sehr verbreitete und beliebte Mahlzeit. So gibt es in der Metropole Dutzende Verkäufer, die mit ihren Straßenwägelchen durch die engen Gassen streifen und für einen erschwinglichen Preis Reis anbieten. Doch ein Pilavcı (Reisverkäufer) sticht in der Stadt besonders hervor. Es ist der Ayvaz Usta (Meister Ayvaz) von Unkapanı, der seit Jahrzehnten mit seinem zweirädrigen Verkaufswagen an der Atatürk Bulvarı (Atatürk-Boulevard) in Fatih steht. Aufgrund der steigenden Nachfrage und auch um den Straßenverkehr nicht zu behindern, hat der Reisverkäufer sein Geschäft in einen Laden namens Meşhur Unkapanı Pilavcısı verlagert. Das Lokal befindet sich direkt am Eingang des Istanbuler Tuch- und Stoffbasars (Manifaturacılar ve Kumaşçılar Çarşısı) auf der linken Seite. Aber aufgepasst! Inzwischen gibt es viele Nachahmer, sodass zahlreiche Läden mit demselben Namen eröffnet haben. Sofern man aber der Menschenmenge folgt und sich dort anstellt, wo es bei Tag und Nacht eine lange Schlange gibt, ist man richtig. Seinen mobilen Wagen hat Ayvaz Usta dennoch nicht aufgegeben. Bis zum Morgengrauen duftet es dort nach dem typischen Aroma des mit Butter verfeinerten und anschließend in Hühnerbrühe gekochten Reises. Vermischt mit Kichererbsen und obenauf den goldgelb gebratenen Hähnchenstückchen, wird der echte Unkapanı-Reis wahlweise mit Ketchup oder scharfen Peperoni auf schlichten Papp- oder Plastiktellern serviert. Dazu noch einen eiskalten Becher Ayran und das kulinarische Glück ist perfekt.

TIPP

Gleich um die Ecke: der Frauenmarkt an der İtfaiye-Straße mit günstigen regionalen Produkten.

● Mollahüsrev Mahallesi, Revani Çelebi Sk. İ.M.Ç Çarşısı 1.Blok No:1401, 34134 Fatih, Tel. +90 (212) 5 22 91 55

● ÖPNV: Bus 28, 28T, 30D, 31E, 32, 32T, 33, 33B, Haltestelle Vefa; Metro M2, Haltestelle Vezneciler

UNKAPANI PİLAVCISI
UNKAPANI PİLAVCISI
APANI PİLAVCIS
BULUNUR
MEŞHUR UNKAPANI PİLAVCISI

Bağdat Caddesi de luxe

54

Bummeln, einkaufen und einkehren in Kadıköy

Shoppen kann schon glücklich machen. Ganz besonders, wenn man sich durch die schmalen Gassen von Kadıköy treiben lässt und die beliebte Bağdat Caddesi (Bagdad-Straße) entlangbummelt. Kadıköy, bekannt als junger und hipper Stadtteil, hat viele Boutiquen, Bars und Restaurants zu bieten, doch die Bagdad-Straße auf der asiatischen Seite ist die Einkaufsmeile schlechthin. Auf einer Länge von etwa 6 Kilometern finden Einheimische und Touristen unzählige Möglichkeiten, einen Kaffee zu trinken oder auch etwas Deftiges zu essen. Cafés, Konditoreien und Restaurants laden zum Verweilen ein und die hübschen, kleinen Boutiquen sind auf jeden Fall einen Besuch wert. Neben den alteingesessenen Geschäften gibt es mittlerweile auch viele namhafte Modemarken und Kaufhäuser. Die Bağdat Caddesi zählt nicht zufällig zu den luxuriösesten Straßen, auch die umliegende Gegend mit ihren schönen Villen ist ein teures Pflaster.

TIPP

Das Café Bağdat Kurukahvecisi ist für seinen Sahlep bekannt, ein süßes, heißes Milchgetränk.

Der Name „Bağdat" leitet sich wörtlich vom Wort „Baghdad" ab und ist auf den osmanischen Sultan Murad IV. zurückzuführen. Nachdem Murad IV. zu seiner Eroberungsreise nach Bagdad angetreten war, wurde im Jahr 1638 die Straße Ayrılıkçeşmesi (Ayrılık-Brunnen) in Bağdat Yolu (Bagdad-Weg) umbenannt. Noch immer sind hier Überbleibsel von Brunnen und Gebetsstätten des Osmanischen Reichs vorhanden. Heute beginnt die Bagdad-Straße in Kızıltoprak und erstreckt sich bis in den Stadtbezirk Maltepe. Der beliebte Teil mit den meisten Geschäften liegt zwischen Suadiye und Caddebostan. Früher diente dieser Abschnitt als Verkehrsverbindung zwischen Konstantinopel und Anatolien und wurde zu kommerziellen und militärischen Zwecken genutzt. Heute ist der Boulevard entlang des Ufers ein beliebter Treffpunkt für Jung und Alt. Besonders schön ist die Bağdat Caddesi im Winter nach Einbruch der Dunkelheit, dann erstrahlen überall Lichterketten. In dieser stimmungsvollen Atmosphäre macht das Bummeln noch mal so viel Vergnügen.

- Belebter Ort: Suadiye, Bağdat Cd. 438/A, 34740 Kadıköy/İstanbul
- ÖPNV: Marmaray, Haltestelle Bostancı, Suadiye

iPhone 13
EDS
KİRALIK

Grünes Paradies

55 Kuzguncuk Bostanı – stadtgärtnern in Üsküdar

Wie klein eine Grünanlage auch sein mag, Pflanzen und Bäume sind in Istanbul immer ein Segen. Überhaupt könnten ein paar Quadratmeter Grünfläche mehr die Lebensqualität der dicht besiedelten Innenstadt spürbar verbessern. Dieser Meinung sind auch die Einwohner von Kuzguncuk, einem Bezirk des Stadtteils Üsküdar, der auf der asiatischen Seite liegt. İlya'nın Bostanı, besser bekannt als Kuzguncuk Bostanı, heißt der Garten, der die dort lebenden Städter aufatmen lässt. Viele nennen ihn auch das „geheime Paradies". Hier können Hobbygärtner ihren grünen Daumen im Gemüsehochbeet trainieren, Kinder auf dem Kinderspielplatz spielen und Müßiggänger unter der süßen Sonne des Sommers entspannen. Neben den Hobbygärten, Streuobstwiesen und landwirtschaftlichen Flächen gibt es außerdem ein Amphitheater (das auch als Open-Air-Kino genutzt wird), Spazierwege, Heil- und Aromapflanzenbeete. Der Basketballplatz ist vor allem bei den Jugendlichen sehr beliebt. Dort finden immer wieder Veranstaltungen und soziale Aktivitäten statt.

Auf den Nutzflächen, die in mehr als 100 kleine Parzellen unterteilt sind, wird je nach Saison verschiedenes Obst und Gemüse angebaut. In einem neutralen Verfahren werden jährlich von der Kommune Einwohner des Bezirks ausgelost, die sich um die beliebten kleinen Grundstücke kümmern können. Wird der Garten einen Monat lang nicht genutzt, bekommt ein anderes Mitglied das Nutzungsrecht. Das Projekt soll insbesondere die Nachbarschaftsbeziehungen stärken und Kinder für die Natur begeistern. Daher ist Kuzguncuk Bostanı für jeden öffentlich zugänglich. Die Gemeinde verteilt die gewonnene Ernte teilweise an Suppenküchen und bedürftige Menschen des Bezirks. Das alles klingt nahezu utopisch, doch das geheime Paradies von Istanbul ist gelebte Wirklichkeit und ein gutes Beispiel dafür, das Miteinander in der riesigen Metropole zufriedener und sozialer zu machen.

TIPP

Gleich nebenan befinden sich sehenswerte bunte historische Holzvillen.

● Kuzguncuk, Bostan Sk. No:4, 34674 Üsküdar/İstanbul
www.kuzguncukbostani.com
● ÖPNV: Fähre Kuzguncuk; Bus D24, 15, Haltestelle Kuzguncuk; Sammeltaxis C118, Haltestelle Kuzguncuk

STAN

Friedvolles Miteinander

56

Der Stadtbezirk Kuzguncuk

Es sei nicht möglich, den Bezirk Kuzguncuk unglücklich zu verlassen, so sagen es die Einheimischen. Denn hier geht es im Vergleich zu anderen Bezirken langsam und gemütlich zu. Daher wird Kuzguncuk auch oft als das friedvolle Viertel bezeichnet. Es liegt direkt an der anatolischen Küste des Bosporus und ist von Platanen, Villen und Holzhäusern umgeben.

Wo der Name ursprünglich herkommt, ist umstritten: Während der byzantinischen Zeit soll der Stadtbezirk Kosinitza oder auch Khrysokeramos geheißen haben, was „goldene Ziegel" bedeutet und auf eine Kirche mit goldenem Dach zurückzuführen ist. Laut dem osmanischen Autor Evliya Çelebi erhielt Kuzguncuk seinen Namen von einem Heiligen namens Kuzgun Baba, der sich damals an diesem Ort niederließ.

TIPP

Von den Hängen des Ortes Nakkaştepe hat man einen herrlichen Blick auf den Bosporus.

Wie auch immer, ein auffälliges Merkmal dieses Bezirkes ist, dass hier viele verschiedene Kulturen aufeinandertreffen und Menschen unterschiedlichen Glaubens in gutnachbarschaftlichen Beziehungen zusammenleben. Das macht sich auch architektonisch bemerkbar. Direkt gegenüber vom Hafen und gleich neben der armenischen Kirche Surp Kirkor Lusaroviç befindet sich die Kuzguncuk-Moschee. Biegt man in die Icadiye- Straße ab, so stößt man linker Hand auf die Beth-Yaakov-Synagoge. Die charmante Straße lädt besonders wegen ihrer alten nostalgischen und farbenfrohen Holzhäuser mit verzierten Türen und Fenstern zum Spazierengehen ein. Wer an der historischen Bäckerei Tarihi Kuzguncuk Firini vorbeiläuft, wird dem Duft von frischem Gebäck nicht widerstehen können und sollte die Kokosmakronen probieren. Göttlich! Auch ein schöner Ort, um die Seele baumeln zu lassen, ist die Buchhandlung Nail, die von den berühmten Architekten Nikoghos und Karapet Balyan im Barock- und Rokokostil entworfen wurde. Dort habe einst Can Yücel, ein türkischer Autor politischer Lyrik, viel Zeit verbracht, weshalb dieser Ort immer mehr an Popularität gewonnen hat. Recht haben die Einheimischen und es wird sich weiter herumsprechen: Kuzguncuk verlässt man voller Glücksgefühle.

- Kuzguncuk, Kuzguncuk Çarşı Cd. 34674 Üsküdar/İstanbul
- ÖPNV: Fähre Kuzguncuk; Bus D24, 15, Haltestelle Kuzguncuk; Sammeltaxis C118, Haltestelle Kuzguncuk

Frauen machen Geschichte

57 Die erste Frauenbibliothek in Fatih

Der Eingang erinnert wegen der abgerundeten Treppenstufen an ein Amphitheater. Geht man am Ufer des Goldenen Horns die Stufen zur Frauenbibliothek hinunter, so trifft man auf einen Backsteinbau aus byzantinischer Zeit. Darin befindet sich die Stiftung Frauenwerke-Bibliothek und Informationszentrum (Kadın Eserleri Kütüphanesi) – die erste und einzige Einrichtung dieser Art in der Türkei. Die Institution im Altstadtviertel Fener wurde mit dem Ziel gegründet, die Geschichte von Frauen und der Frauenbewegung besser erforschen und zugänglich machen zu können und schriftliche und bildliche Dokumente für kommende Generationen zu bewahren. Inzwischen gibt es etwa 15.000 Bücher und Publikationen, ebenso viele Dokumente von Frauenorganisationen und -vereinen, rund 10.000 Artikel und mehr als 100.000 Zeitungsausschnitte. In dem stetig wachsenden Bestand befinden sich neben aktuellen Zeitzeugnissen auch historische Dokumente, die bis in die zweite Hälfte des 19. Jahrhunderts zurückreichen. Zum Beispiel das im Jahr 1872 erschienene Frauenmagazin Hanımlara Mahsus Gazete, welches zu den ältesten Blättern zählt.

TIPP
Bibliotheks- und Archivspenden sind sehr willkommen.

Die Räume in dem historischen Bau wurden von der Istanbuler Stadtverwaltung zur Verfügung gestellt. Schon bald nachdem die Träger-Stiftung am 8. März 1990 ihre Rechtskraft erlangt hatte, öffnete die Bibliothek ihre Pforten für Leserinnen und Leser. Zu ihren Gründerinnen zählen Aslı Davaz, Füsun Akatlı, Füsun Ertuğ-Yaraş, Jale Baysal und Şirin Tekeli. Die Eisentreppe direkt am Eingang führt ins zweite Stockwerk – dort im Benutzerraum arbeiten in der Regel die Wissenschaftlerinnen. Die warmen Farbtöne des alten rötlichen Backsteins erzeugen eine einladende Leseatmosphäre. So zieht die Frauenbibliothek wegen ihrer vielseitigen Angebote immer mehr Aufmerksamkeit auf sich, sowohl von Einheimischen als auch von Touristen. Dabei beschränkt sich die Einrichtung nicht nur auf das Bewahren und Forschen, sondern organisiert zudem öffentliche Symposien, Vorträge und Workshops.

- Fener Mahallesi, Mürsel Paşa Caddesi No:8, gegenüber dem Fener Ferry Pier (Historisches Gebäude), Golden Horn-Fener, 34220 Fatih/İstanbul, Tel. +90 (212) 534 95 50, www.kadineserleri.org
- ÖPNV: Fähre Fener oder Balat; Straßenbahn T5 oder Bus 32T, 33ES, 35D, 36CE, 41Y, 44B, 48E, 55T, Haltestelle Fener

Flanieren am Bosporus

58

Das albanische Fischerdorf Arnavutköy

Arnavutköy, früher ein gehüteter Geheimtipp, ist heute ein Viertel, das seit einigen Jahren immer mehr an Popularität zugenommen hat. Abseits der touristischen Hauptattraktionen konnte der Bezirk seinen dörflichen Charme beibehalten und ist deshalb insbesondere unter ruhesuchenden Einheimischen beliebter denn je. Arnavutköy, was wörtlich übersetzt „albanisches Dorf" bedeutet, liegt auf der europäischen Seite zwischen den Stadtteilen Ortaköy und Bebek. Der Name ist auf die osmanische Zeit zurückzuführen. Damals kamen albanische Männer in die Stadt, um hier zu arbeiten. Später kamen Griechen, Armenier und jüdische Einwanderer hinzu, bis heute ist der Bezirk für seine multikulturelle Einwohnerschaft bekannt. Die christlichen und islamischen Gotteshäuser spiegeln das wider – von der Synagoge sind leider nur noch Ruinen vorhanden. 2020 wurde das kleine nostalgische Dorf in die Liste der 40 coolsten Bezirke weltweit aufgenommen, die das Magazin „Time Out" jährlich nach unterschiedlichen Kriterien ermittelt. Entscheidend bei der Bewertung war unter anderem die vorherrschende Nachbarschaftskultur. Der Ort hat es bislang tatsächlich geschafft, seine besondere Anziehungskraft als pittoreskes Hafenstädtchen zu bewahren. Denn trotz der zentralen Lage scheint hier die Zeit stehen geblieben zu sein. Viele kommen vor allem hierher, um auf dem breiten Fußweg entlang der Küste zu flanieren. Von dort aus hat man einen wunderschönen Blick auf die malerischen Holzvillen im Jugendstil. Im idyllischen Hafen liegen die kleinen Fischerboote. Der fangfrische Fisch kann in vielen lokalen Fischrestaurants gekostet werden, die sich überall in den Haupt- und Nebenstraßen befinden. Hat man dort eines der leckeren Fischgerichte probiert, geht es weiter durch die reizenden Gassen, in denen man sich schon mal verirren kann. Spätestens dann sollte man sich in aller Ruhe in eines der süßen Cafés setzen – die sind einfach zum Verlieben!

TIPP

Schlemmen, schlemmen und nochmals schlemmen. Hervorragende Restaurants, Cafés und Bars.

● Arnavutköy, 34345 Beşiktaş/Istanbul

● ÖPNV: Fähre Arnavutköy Iskelesi; Bus 22, 22B, 22RE, 25E, 40, 40T, 42T, Haltestelle Arnavutköy

Süße Versuchung

59 Das Beyzade Künefe in Alibeyköy

Naschen macht glücklich. Das ist kein Geheimnis und durchaus wissenschaftlich erwiesen. Sobald wir etwas Süßes essen, gelangt Zucker ins Blut und das Gehirn überschüttet uns mit Glückshormonen. Wenn wir ehrlich sind, lauert die Naschkatze in uns allen und hin und wieder tut es einfach gut, ihr ein wenig auf die Sprünge zu helfen. Dafür gibt es in Istanbul eine ganze Reihe von historischen und namhaften „tatlıcılar", also Confiserien und Feinbäckereien. Aber wie wäre es einmal mit einer Kombination aus herzhaftem Käse und süßem Sirup? Dieses Geschmacksabenteuer vereint das Süßgebäck Künefe. Bei Beyzade Künefe in Alibeyköy wird es traditionell und nach dem Originalrezept aus Gaziantep gebacken, der Stadt, die dafür besonders bekannt geworden ist. Es gibt zwar auch andere Süßwaren wie Baklava, Kadayıf, Katmer oder Eis, doch wer hierherkommt, bestellt in der Regel Künefe, der meist mit Obstteller, Nüssen und Milch serviert wird.
Die Teigwaren-Spezialität wird mit einem großen, rotierenden Apparat, der einer Kreuzung aus Nudelmaschine und Spinnrad gleicht, hergestellt. So entstehen aus Wasser, Mehl und Maisstärke winzige Teigfäden. Insgesamt zehn erfahrene Konditormeister beherrschen im Beyzade diese Backkunst. In offener Küche formen sie mit der Hand die empfindlichen Teigfäden, die wie dünnes Stroh aussehen, zu kleinen Vogelnestern. Zwischen die rohen Kreationen, die noch weiß und farblos sind, kommt der Käse. Ihre goldene Farbe erhalten die kunstfertigen Gebilde erst im Ofen. Sobald sie fertiggebacken sind, werden sie am Ende für einige Minuten in Zuckersirup getaucht. Abschließend kommt obendrauf noch ein nussiger Akzent – in der Regel gehackte Pistazien. Die Portionen sind zwar klein, haben es aber in sich. Bei jedem Reinbeißen vermischt sich der Käse mit dem Zuckersirup und den Nüssen und die hauchdünnen Teigfäden zergehen im Mund. Und dann lassen uns die Glückshormone abheben – ein herrlicher Genuss!

● Alibeyköy, Vardar Blv. No:40, 34060 Eyüpsultan/İstanbul, Tel. +90 (2 12) 2 61 67 67
www.beyzadekunefe.com
● ÖPNV: Sammeltaxis A34, A40, A49, B44, Haltestelle A.Meslek Lisesi;
Bus 36CE, 37A, 38KT, 38M, 38T, 49G, 399C, Haltestelle Iett Usküp Parkı Durağı

beyzade

Ein Herz für Rares

60

Die Antikmeile im Hipster-Viertel Çukurcuma

Wer ein Herz für Antiquitäten, Trödel und Vintage hat, ist in der Çukurcuma-Straße in Istanbul Beyoğlu an der richtigen Adresse. Unweit von der Istiklal-Straße liegt an einer Talsenke mit Blick auf den Bosporus zwischen den Vierteln Tomtom und Cihangir das Viertel Çukurcuma mit seiner Antikmeile. Diese Straße durchzieht das ganze Viertel und ist *die* Anlaufstelle für Fans gebrauchter Raritäten. Dutzende Geschäfte reihen sich aneinander und bieten Sammelobjekte und Liebhaberstücke aus verschiedensten Lebensbereichen an. Ob große Möbel wie Schränke und Sessel, handgewebte Teppiche, Gemälde und Designobjekte oder einfach nur schöner Nippes – wer suchet, der findet. Viele Trödelläden verkaufen hier Nachlässe und besondere Objekte aus allen Epochen – sogar echte Schätze aus der osmanischen Zeit. Wer mag, kann entweder in den zahlreichen Geschäften, vom Trödelladen bis zum Designershop, seinen Kaufgelüsten frönen oder einfach nur die schönen Fassaden im Stilmix der Zeiten bewundern.

Ihren Namen erhielt die Gegend offenbar durch Sultan Mehmed II., der in der Talsenke ein Freitagsgebet veranlasst hatte. „Çukur" bedeutet „Senke" oder „Grube" und „cuma" bedeutet „Freitag". Dieser stimmungsvolle Ortsteil von Beyoğlu zählt außerdem zu den ältesten Stadtteilen Istanbuls. Teilweise erkennt man das noch an den Gebäuden, die weitgehend aus dem 19. und frühen 20. Jahrhundert stammen. Es gibt sogar noch vereinzelte osmanische Gebäude aus dem 15. Jahrhundert. Außer Antiquitäten und netten Cafés sind weitere Sehenswürdigkeiten zu entdecken: Kommt man aus der Richtung Taksim und läuft auf die Çukurcuma-Straße zu, befindet sich am Anfang der Turnacıbaşı-Straße das Ağa Hamamı, ein türkisches Bad aus dem Jahr 1454, das älteste noch in Betrieb befindliche Hamam in Istanbul. Ein paar Meter weiter stößt man auf Orhan Pamuks Museum der Unschuld, welches nicht mit dem Orhan-Kemal-Museum (ebenfalls ein berühmter Schriftsteller) zu verwechseln ist und das nur wenige Straßen entfernt liegt.

TIPP

Wer eingelegtes Gemüse mag, sollte bei Asri Turşucusu vorbeischauen. Es mundet hervorragend!

- Çukur Cuma Cd., Firuzağa, 34425 Beyoğlu/İstanbul
- ÖPNV: Straßenbahn T2, Haltestelle Galatasaray; Metro M2, Haltestelle Taksim-Platz oder Şişhane

YAŞAM
ANTIQUE
0536 663 1931

Voller Überraschungen

61 Die Passagen an der Grande Rue de Péra

An der İstiklal-Caddesi kommt man nicht vorbei – zumindest dann nicht, wenn man Istanbul zum ersten Mal besucht. Über die gesamte Länge von etwa 1,5 Kilometern reiht sich ein Geschäft an das andere. Umgeben von Sehenswürdigkeiten wie der noch amtierenden katholischen Kirche St. Antonius sind hier viele Cafés, Restaurants, Klubs, Kinos und Museen angesiedelt. Auch die Generalkonsulate (ehemalige Botschaften) von Frankreich, Holland, Russland und Schweden haben hier ihren Sitz. Viele Besucher bummeln die große Einkaufsmeile geradewegs hinunter, ohne zu bemerken, dass sich in den engen Gängen abseits der Straße und hinter einigen Gebäuden jahrhundertalte Passagen verbergen. Zu den wohl bekanntesten zählt die Çiçek Pasajı aus dem 19. Jahrhundert. Sie umfasst heute zahlreiche beliebte Unterhaltungs-, Speise- und Trinklokale, in denen Fasıl (klassisch-orientalische Musik) gespielt wird. Der Bau fasziniert besonders mit seiner Außenfassade und der prächtigen Kuppel im Innern. Die Aznavur und Avrupa Pasajı mit ihren zahlreichen Souvenir-, Bekleidungs- und Schmuckgeschäften eignen sich besonders gut zum Shoppen.

TIPP
Vom Taksim-Platz die Istiklal Caddesi bergab laufen und mit der historischen Tram hinauffahren.

Eines der ältesten Kinos in der Türkei, das Santral Sineması, wurde in der Suriye Pasajı eröffnet. Das war auch die erste Passage mit zwei Aufzügen, sodass sie lange als die „Passage der Premieren" galt. Heute beherbergt sie unter anderem Leder- und Pelzgeschäfte. Eine ebenfalls bekannte Arkade ist die Atlas Pasajı, in der sich das historische Atlas-Kino und ein Theater befinden. Beeindruckend ist auch die Elhamra Han mit ihrer osmanischen und seldschukischen Architektur. Hier befinden sich überwiegend Bekleidungsgeschäfte. Die Hazzopulo Pasajı führt zu einem der wenigen verbliebenen traditionellen Teegärten der İstiklal Caddesi, der perfekt ist, um Zeit mit Freunden zu verbringen und Tavla zu spielen. Darüber hinaus ist in vielen weiteren Passagen immer wieder etwas Neues zu entdecken!

- İstiklal Cd., 34430 Beyoğlu/İstanbul
- ÖPNV: Metro M2, Haltestelle Taksim-Platz oder Şişhane; Straßenbahn T2, Haltestelle Odakule und Galatasaray

AVRUPA PASAJI
SIM CARD

Am Puls der Kultur

62 Das Atatürk-Kulturzentrum am Taksim-Platz

Hier gibt es alles: vom Opern-, Konzert- und Kinosaal über ein Theater, ein Museum und Archive bis hin zur Bibliothek. Der Neubau des Atatürk-Kulturzentrums, kurz AKM, lässt kulturelle Herzen höherschlagen. Wer vor dem beeindruckenden Gebäude am Taksim-Platz steht, trifft auf einen schlichten, schnörkellosen, aber dennoch markanten Bauhausstil mit einer riesigen Glasfassade. Man schaut hindurch auf die imposante, dunkelrot schimmernde Kugel, in der sich der große Opernsaal befindet. Mit rund 2040 Sitzplätzen zählt er zu den größten Opernsälen der Welt. Das Theater hat eine Kapazität von 800 Sitzen. Darüber hinaus beherbergt das Kulturzentrum Lese- und Konferenzsäle, eine Galerie für zeitgenössische Kunst, ein Kinderkunstzentrum, einen Designshop, Cafés und ein Restaurant mit einem spektakulären Blick auf den Bosporus. Da der Bau L-förmig abknickt, sind die vielen Räumlichkeiten auf den ersten Blick von der Frontfassade aus nicht sichtbar. Alles in allem ist es ein multifunktionaler Kulturpalast, Erlebnisort und zugleich Begegnungsstätte.

Das neue AKM, das am 29. Oktober 2021 seine Pforten geöffnet hat, erinnert sehr stark an die Architektur des im Jahr 1969 erbauten alten Kulturzentrums – damals das erste modernistische Gebäude in der Türkei, entworfen und erbaut von dem Architekten Hayati Tabanlıoğlu. Verantwortlich für den Neubau ist sein Sohn Murat Tabanlıoğlu. Er hat einige architektonische Elemente seines Vaters übernommen, vor allem die Außenfassade. Durch die gläserne Front wirkt es insgesamt viel heller und einladender.

Der Eröffnungstag wurde mit Bedacht gewählt. Es ist der Jahrestag der Gründung der Republik, der Nationalfeiertag. Auch hat das neue AKM seinen säkularen Namen beibehalten – Atatürk, den Namen des Gründungsvaters der Türkei. Daher ist das AKM für die Istanbuler so viel mehr als nur ein Kulturzentrum: Es ist ein Symbol für Fortschritt und Offenheit, freien Geist und Demokratie.

TIPP

Das AKM-Yeşilçam-Kino gilt als das einzige „unabhängige Programmkino" in der Türkei.

● Gümüşsuyu Mahallesi Mete Cd. No:2, 34437 Beyoğlu/İstanbul
www.akmistanbul.gov.tr/tr/anasayfa

● ÖPNV: Metro M2, Haltestelle Taksim-Platz; Straßenbahn T2, Haltestelle Taksim-Platz; Füniküler F1, Haltestelle Taksim-Platz; Bus nahezu alle Haltestellen Taksim-Platz

Die Brücke, die verbindet

63

Die alte Galatabrücke

Die Aussicht bleibt immer dieselbe: die Silhouette der historischen Moscheen auf den sieben Hügeln von Istanbul, die kreischenden Möwen über dem Wasser und die Angler auf der Brücke. Dennoch bleibt das Bild immer ein faszinierendes. Die Galatabrücke gehört zu den meistbesuchten und beliebtesten Plätzen der Stadt. Aus gutem Grund: Die Galatabrücke über dem Goldenen Horn ist Aussichtspunkt, Flaniermeile, Verkehrsader und Basar zugleich. Sie ist so anziehend, dass man sich hier zu allerlei Unternehmungen trifft. Auf der Brücke gehen die vielen Angler in aller Seelenruhe ihrem Hobby und ihrer Arbeit nach. Dicht an dicht am Geländer stehend halten sie zielgerichtet ihre Leinen ins Wasser, sie sind längst zu einem Wahrzeichen der Brücke geworden. Sie entschleunigen auf angenehme Weise das ansonsten hektische Treiben. Neben dem Transit zu Fuß, per Auto oder Straßenbahn gibt es ober- und unterhalb der Brücke viele Gelegenheiten zum schnellen Geschäftemachen. So trifft man auf Schuhputzer und viele Händler, die irgendeinen Krimskrams verkaufen – mal etwas Nützliches für den Haushalt, mal Schirme oder Mützen, je nach Wetterlage. Geht man die Treppen hinunter, die sich in der Mitte links und rechts der beiden Straßenseiten befinden, gelangt man zum unteren Bereich der Brücke, wo Cafés und Restaurants auf ihre Gäste warten. Eigentlich braucht es nur etwa 10 Minuten, um die rund 500 Meter lange Brücke zu überqueren, aber man möchte am liebsten den ganzen Tag hier verweilen. Geprägt von einer langen Baugeschichte – die erste Brücke wurde 1845 erbaut, sie ist viermal abgebrannt, die fünfte und heutige Galatabrücke wurde 1994 errichtet, – ist sie ein Knotenpunkt in jeglicher Hinsicht. Außerdem erzählt sie viele Geschichten: ob von Glücks- oder Unglücksfällen, Meilensteinen der Stadthistorie oder aber von tragischen Herzensbrüchen, die die Dichter und Sänger inspirierten. Es ist das Zusammenspiel von alldem, das den Ruf der Brücke geprägt hat.

TIPP

Flanieren bei Sonnenuntergang und das Glück ist perfekt!

● Kemankeş Karamustafa Paşa, Galata Köprüsü, 34425 Beyoğlu/İstanbul
● ÖPNV: Fähre Karaköy; Straßenbahn T1, Haltestelle Karaköy Istasyonu; Bus 26, 26A, 28, 28T, 30D, 31E, 32, 33, Haltestelle Karaköy, Bus 26, 33E, 33TE, 79E, 92; Haltestelle Eminönü; Straßenbahn T1, Haltestelle Eminönü

GALATA ORFOZ BALIK
GALATA DERSAADET

Romantisches Gemäuer

64 Die Burg Rumeli Hisarı

An der schmalsten Stelle des Bosporus, das sind etwa 700 Meter, befindet sich am Ufer der europäischen Seite die Rumelische Festung (Europäische Festung), auch bekannt als „Boğazkesen Hisarı", was so viel wie „Abschneider der Meerenge" bedeutet. Gleich nördlich von Bebek und südlich von Boyacıköy ragen ihre mächtigen Türme und Bauten empor und bilden eine malerische Kulisse.
Rumeli Hisarı gilt als die zweitälteste Festung der Osmanen und wurde im Jahr 1452 – knapp ein Jahr vor der Eroberung Konstantinopels – im Auftrag von Fatih Sultan Mehmet errichtet. Rund 3000 Arbeiter bauten das Kastell in der bemerkenswert kurzen Zeit von vier Monaten. Direkt gegenüber auf der asiatischen Seite liegt eine weitere Festung: die Burg Anadolu (Anadolu Hisarı), 1394 erbaut von Bayezid I. Durch die beiden Befestigungsanlagen konnte der Schiffsverkehr auf dem Bosporus besser kontrolliert und überwacht werden. Nach der Eroberung Konstantinopels wurden die drei größeren Türme von Rumeli Hisarı mit einer beeindruckenden Mauerstärke von bis zu 7 Metern als Staatsgefängnis genutzt. 500 Jahre nach ihrer Eroberung wurde die Festung schließlich vollkommen restauriert und dient seit den 60er-Jahren als Museum.
Wenn nicht gerade weitere Restaurierungsarbeiten stattfinden, dann werden dort jeden Sommer auf der Freilichtbühne Festivals und Konzerte berühmter türkischer Musiker organisiert. Trotz beständiger Sanierung ist auch der Garten öffentlich. Im Innenhof der Festung stehen noch die Überreste einer alten Moschee, die ehemals für die Soldaten erbaut wurde. Ausgestellt sind dort historische Kanonen und Kugeln aus osmanischer Zeit. Mitten im Trubel der Großstadt fühlt man sich hier, geschützt von dicken Mauern, wie in einer ruhigen Oase. In der Abenddämmerung kommt die romantisch beleuchtete Festung besonders schön zur Geltung.

TIPP

Rund um die Festung gibt es Cafés und Restaurants mit wunderbaren Blick auf die Bosporus-Brücke.

● Rumeli Hisarı, Yahya Kemal Cd., 34470 Sarıyer/İstanbul
● ÖPNV: Bus 22, 22RE, 25E, 29D, 40, 40T, 42T, Haltestelle Rumeli Hisarı; Metro M 6, Haltestelle Boğaziçi Üniversitesi Istasyonu

Büfe

Oase des Friedens

65 Die Neve-Shalom-Synagoge

Auf den ersten Blick bekommt man in Istanbul in der Regel wenig von der Vielfalt der Religionen mit. In der fast 16-Millionen-Metropole sind es nur ein Bruchteil Christen und Juden, die noch in der Stadt leben. Aber genau sie machen diese Stadt zu dem, was sie ist: kosmopolitisch. Schaut man genau hin, so entdeckt man hier und da christliche sowie jüdische Bauten und Religionsstätten. So versteckt sich in Karaköy, eingequetscht zwischen zwei Wohnungen, die Neve-Shalom-Synagoge, was auf Deutsch „Oase des Friedens" bedeutet. Nach einer zweijährigen Bauzeit wurde sie 1951 fertiggestellt. Hier finden regelmäßig Hochzeiten, Beerdigungen und die Amtseinführung des Oberrabbiners statt. Auch Feierlichkeiten und verschiedene Rituale wie die Bar Mizwa werden hier zelebriert. Ein spontaner Besuch ist bei den meisten Synagogen nicht möglich, daher sollte man mindestens einen Tag vorher anrufen und einen Besichtigungstermin vereinbaren. Da die Neve-Shalom-Synagoge an das jüdische Museum angeschlossen ist, ist es in der Regel unproblematisch, sie zu besuchen. Wenn man den Innenraum betritt, fällt einem sofort der große goldfarbene Kronleuchter auf, der unter der Kuppel hängt. Die Fenster der Synagoge sind mit wertvollen Glasmalereien verziert. Außerdem ist sie die einzige Synagoge, die über ein traditionelles jüdisches Bad (Mikwe) verfügt, in der die rituelle Reinigung vollzogen wird.

Wenig mehr als 20 Meter von der Synagoge entfernt befindet sich das Museum der türkischen Juden – das erste seiner Art im Lande. Das Museumsgebäude, das ehemals als Kal-Kadosch-Galata-Synagoge bekannt war, jetzt Zülfaris-Synagoge, hat 2001 anlässlich des 500-jährigen Jubiläums der Ankunft der spanischen Juden seine Tore eröffnet. Von außen eher unauffällig, beherbergt das Gebäude im Innern über mehrere Etagen eine bedeutende Sammlung von Schrift- und Fotozeugnissen sowie zahlreiche historisch wertvolle Gegenstände. Hier erfährt man auf besondere Weise etwas von der erstaunlichen Vielfalt Istanbuls.

TIPP

Mo–Do 10–17 Uhr, Fr 10–13 Uhr, So 10–17 Uhr geöffnet. Am Sabbat (Sa) und an Feiertagen geschlossen.

- Bereketzade, Büyük Hendek Cd. No:39, 34421 Beyoğlu/İstanbul, Tel. +90 (212) 2 92 63 33, +90 (212) 2 92 63 34, www.nevesalom.org
- ÖPNV: Metro M2, Haltestelle Şişhane; Tünel F2, Haltestelle Beyoğlu

Bunt, süß und viel

66

Waffelläden in Bebek

Im Winter genießt man sie meistens mit heißen Kirschen und Vanillesoße, im Sommer mit Vanilleeis und Erdbeeren: Waffeln! Die türkische Waffel zeichnet sich allerdings dadurch aus, dass sie frisch auf Bestellung gebacken und mit einer Vielzahl von ausgewählten Beilagen gereicht wird. Sie ist sozusagen das süße Pendant zum Döner. Statt Gemüse, Fleisch und herzhafter Soßen kommen in den köstlich knusprigen Waffelteig Obststücke, Süßigkeiten sowie Fruchtaufstriche oder Schokoladensoße.

Was man aus einer Waffel alles zaubern kann, zeigen am besten die Waffelläden in Bebek. Denn hierher kommt man vor allem wegen der süßen Obstdöner. Der Stadtteil im Nordosten des Istanbuler Bezirks Beşiktaş gilt mit seinen Villen, die sich an den Hang schmiegen, als einer der nobelsten und wohlhabendsten am Bosporus. Da er sich direkt am Ufer befindet, eignet sich die Strecke zwischen Arnavutköy und Bebek gut für einen Spaziergang und der kann leicht und bequem über die breite Flanierpromenade zu Fuß zurückgelegt werden. Läuft man am Bebek-Park vorbei, passiert man einen Waffelladen nach dem anderen. Zu einem der ältesten zählt Ab'bas Waffel, der im Jahr 1983 eröffnet wurde. In Bebek ist er mittlerweile eine Institution.

Die Waffeln sind nicht nur ein Gaumenschmaus, sondern nicht selten auch ein kleines optisches Meisterwerk. Nimmt man eine Waffel auf die Hand, so wird der Waffelteig einmal gefaltet und wahlweise mit Toppings gefüllt, die förmlich mit ihren schmackhaften, bunten, exquisiten Füllungen überlaufen. Zur Auswahl stehen verschiedene Früchte wie Erdbeere, Kiwi, Banane, Apfel oder Ananas. Dazu gibt es Schokoriegel, Toffifee, Oreo-Kekse oder zarte Maronen. Zu guter Letzt noch wechselnde Extras wie Schokostreusel, Nüsse, Kokosraspeln oder kandierte Früchte, darüber flüssige Schokolade oder Erdbeersoße – fertig ist die Glückskalorienbombe. Die süß-klebrige Verführung ist definitiv mehr Hauptspeise als Zwischenmahlzeit.

TIPP

Es gibt hier mehrere Szenecafés, z. B. das Lucca. Hier gilt das Prinzip: sehen und gesehen werden.

- Bebek, Cevdet Paşa Cd. No:46/C Bebek, 34342 Beşiktaş/İstanbul, Tel. +90 (212) 263 00 05, www.abbaswaffle.com.tr
- ÖPNV: Fähre Bebek; Bus 22, 22RE, 25E, 40, 40T, 42T, Haltestelle Bebek

Viel Rummel im Getümmel

67

Der Salı-Markt in Kadıköy

Es wird gehandelt, getratscht, gekostet. Der traditionelle Dienstagsmarkt (Salı Pazarı) von Kadıköy gehört nicht nur zu den größten Wochenmärkten auf der asiatischen Seite Istanbuls, sondern ist auch einer der authentischsten Märkte der Stadt. Es gibt wenige bis gar keine Souvenirs, daher auch kaum Touristen. Aber der Markt ist berühmt für seine Vielfalt an frischen Lebensmitteln, Obst und Gemüse sowie für die zahlreichen Waren, wie Kleidung, Stoffe, Textilprodukte und andere Dinge. Hier stehen Honighändler, Käse- und Olivenspezialisten neben Schuh-, Schmuck- oder Seifenverkäufer. Der Salı Pazarı ist ein Markt wie aus dem Bilderbuch. Obst- und Gemüsehändler sortieren unablässig ihre Waren, legen die besten Stücke nach vorn und preisen lautstark ihre besten Angebote an. Es herrscht viel Lärm, unterschiedliche Düfte liegen in der Luft. Wer nicht widerstehen kann und kulinarische Köstlichkeiten ausprobieren möchte, kostet sie einfach an Ort und Stelle. Denn auf Basaren darf man naschen, ohne ein schlechtes Gewissen zu haben. In der Regel gilt das ungeschriebene Gesetz des „Göz hakkı“, das „Recht deines Auges“, um ein Begehren zu befriedigen. Der Salı Pazarı, auch historischer Dienstagsmarkt genannt, musste wegen seiner hohen Beliebtheit auf einen größeren Platz verlegt werden. Zuvor waren die Stände zu weit verstreut, es gab kaum Parkplätze und damit viele Verkehrsprobleme. Die neue Markthalle im Viertel Hasanpaşa erstreckt sich auf einer Fläche von etwa 32.000 Quadratmetern. Hier können mehr als 4550 Stände aufgestellt werden. Zudem steht ein weit größerer Parkplatz zur Verfügung. Der Andrang ist inzwischen so groß, dass sogar Anreisen aus den umliegenden Städten organisiert werden. Auch Besucher von der europäischen Seite kommen hierher. Egal ob jung oder alt, der Basar zieht mit seiner lebendigen Atmosphäre unzählige Menschen an. Und hat man erst mal ein Schnäppchen ergattert, verlässt man den Markt garantiert mit einem großen Glücksgefühl.

TIPP

Bloß keine Scheu, mit den Händlern zu feilschen!

- Uzunçayır Cd. Şehit Bülent Altınsoy Sk. Yapı İş Merkezi E Blok No:45 4, Kadıköy/İstanbul
- ÖPNV: Bus 8, 8A und Sammeltaxi C52, Haltestelle Uzunçayır Caddesi oder Şehit Er Bülent Altınsoy

HATAY
NAR
Bizim Zeytinci
Gemlik
Zeytin

Abseits vom Gewimmel

68 Das versteckte Flüsschen Göksu Dere

Der kleine Hafen im Fischerdorf Anadolu Hisarı am zierlichen Göksu deresi, dem Fluss Göksu, wurde bereits von den ersten Sultanen hochgeschätzt und galt unter anderem als Freizeit- und Erholungsgebiet. Ähnlich wie Rumeli Hisarı trägt auch dieses pittoreske Dorf den Namen einer Festung. Der Ort eignet sich bestens für einen gemütlichen Spaziergang oder einen kleinen Bootsausflug. Wer aber den Bosporus von einer seiner schönsten Seiten kennenlernen möchte, sollte sich für eine Kanufahrt auf dem Göksu Deresi entscheiden. Mit dem Kanu auf dem Wasser zwischen zwei Kontinenten zu paddeln ist eine aufregende und zugleich entspannte Möglichkeit, seine Freizeit zu verbringen, und ein unvergessliches Erlebnis. Noch bevor man sich – idealerweise während des Sonnenuntergangs – auf einer Terrasse niederlässt, um Fisch und Rakı oder einen türkischen Kaffee zu genießen, sollte man einen Spaziergang durch das kleine Dorf unternehmen. In den Seitenstraßen des Viertels verstecken sich vereinzelte historische Holzhäuser – teilweise hübsch renoviert, teilweise dem Verfall überlassen. Es gibt einige gemütliche Restaurants und Cafés entlang des Flusses und in unmittelbarer Nähe der Burg, die einen herrlichen Blick auf den Bosporus bieten. Frische Meeresfrüchte werden vor allem in den Frühlings- und Sommermonaten angeboten.

TIPP

Oğuz Toklu kann man fürs Kanufahren kontaktieren. Leider nur per Instagram möglich: @oguztoklu.

Die kleine Burgruine Anadolu Hisarı, auch bekannt als Güzelce Hisar, wurde um 1390 von Sultan Beyazıt I. an der schmalsten Stelle des Bosporus errichtet. Die ursprüngliche Funktion dieser Festung war es, den Schiffsverkehr auf dem Bosporus zu kontrollieren. Obgleich sie direkt an der Küste erbaut worden war, liegt sie heute durch die spätere Bebauung ziemlich weit vom Ufer entfernt. In ihrer Umgebung befinden sich einige historische Villen – ein Abstecher zum Küçüksu-Pavillon ist lohnenswert, er rundet den behaglichen Tagestrip perfekt ab.

● Anadolu Hisarı, 34810 Beykoz/İstanbul

● ÖPNV: Fähre, Haltestelle A. Hısari; Bus 11H, 15, 15A, 15F, 15KC, 15P, 15T, 15TA oder Sammeltaxi D24, C300, Haltestelle Anadolu Hısari

LOTUS
Coffee

Öl, Farbe und Inspiration

69 Die weiße Villa Sakıp Sabancı Müzesi

Neben der Koç-Dynastie gehört die Familie Sabancı zu den einflussreichsten türkischen Unternehmerfamilien. Das erkennt man spätestens dann, wenn man auf große Gebäude stößt, die mit dem Suffix-SA gekennzeichnet sind. Denn fast alle Unternehmen der Sabancı Holding Gruppe haben diese Endung im Namen: Carrefoursa, Philipp Morrissa, Toyotasa, Enerjisa, Gıdasa sind nur einige Beispiele. Begründer des Imperiums ist Hacı Ömer Sabancı, der 1932 mit Beteiligung an einem Baumwollfeld in Adana (Südtürkei) den Grundstein für die Familiendynastie gelegt hatte. Sein Sohn Sakıp Sabancı baute dann Ende der 1960er-Jahre das Unternehmen zur Holding aus. Hacı Ömer Sabancı hatte ein besonderes Interesse an osmanischer Kalligrafie. Anfang der 1940er-Jahre begann er bedeutende Kunstwerke zusammenzutragen, Kalligrafiesammlungen, Korane aus dem 16. bis 18. Jahrhundert sowie Porzellan, Metallarbeiten, Figurinen, Kunstobjekte und Möbel. Nach seinem Tod entschied die Familie, seine Kunstschätze der Öffentlichkeit zugänglich zu machen, und übergab die reichhaltige Sammlung 1998 der Sabancı-Universität. Ausgestellt werden die Kunstwerke seitdem in einer herrschaftlichen Villa aus der ersten Hälfte des 20. Jahrhunderts. Am Eingang zum Anwesen steht eine riesige aus Bronze gegossene Pferde-Skulptur, die von einem französischen Bildhauer namens Louis Doumas angefertigt wurde. Besser bekannt ist das Haus deshalb unter dem Namen Atlı Köşk, „das Herrenhaus mit dem Pferd". Neben der gediegenen Sammlung zur türkischen klassischen Moderne werden hier zudem nicht selten sensationelle Wechselausstellungen von hochkarätigen internationalen Künstlern gezeigt. Picasso, Rembrandt, Monet, Beuys oder Dalí hatten schon die Ehre. Wer die von den Werken gewonnenen Eindrücke in Ruhe auf sich wirken lassen möchte, dem sei ein Spaziergang im Garten empfohlen. Dort verbirgt sich auch noch der eine oder andere Schatz. Das i-Tüpfelchen ist aber in jedem Fall der malerische Blick von der Garten- und Restaurantterrasse aus.

TIPP

Der Emirgan-Park ist nur einen Katzensprung entfernt.

● Sakıp Sabancı Caddesi No:42 Emirgan, 34467 Sarıyer/İstanbul, Tel. +90 (212) 2 77 22 00, www.sakipsabancimuzesi.org

● ÖPNV: Bus 22, 22RE, 25E, 29D, 40, 40T, 42T, 59RH, EL2, Haltestelle Çınaraltı; Fähre Emirgan Iskelesi

Hinter den Kulissen

70 Das Atlas-Filmtheater und sein Kinomuseum

Die im Herzen der Stadt gelegene Atlas Passage beherbergt das im Jahr 1948 gegründete Atlas-Filmtheater und gewährt als interaktives Museum aufregende Einblicke in die Geschichte des Films. Ob Filmaufnahmen, alte Projektoren, historische Kameras – all solche Zeitzeugnisse finden sich im frisch renovierten Gebäude an der Istiklal-Straße, das gleich neben der Yeşilçam-Straße liegt, einst das Zentrum der türkischen Filmproduktionen. Yeşilçam symbolisiert das frühe türkische Kino und ist so etwas wie das anatolische Pendant zu Hollywood und Bollywood. Die Dauerausstellung vermittelt sehr lebendig die Film- und Kinogeschichte der Türkei mit Fundstücken aus den berühmten Kultfilmen, stellt unter anderem türkische Schauspieler vor und zeigt, welche Techniken damals fürs Filmen verwendet wurden. So ist beispielsweise die Kamera ausgestellt, die Mustafa Kemal Atatürk bei seiner Rede zum 10. Jahrestag der Republik filmte. Darüber hinaus gibt es Gelegenheiten, vieles selbst auszuprobieren: Im Greenscreen-Studio besteht beispielsweise die Möglichkeit, selbst Teil seiner Lieblingsfilmszene zu werden. Der digitale Memory-Pool, welcher weltweit zum ersten Mal in einem Kinomuseum zum Einsatz kommt, umfasst 8406 Filme, 31.106 Schauspieler, Regisseure, Drehbuchautoren, Produzenten und Kinomitarbeiter. Insgesamt erstrecken sich das Filmtheater und das Kinomuseum über vier Stockwerke. Mit einer neoklassizistischen Fassade, seltenen Putten, Deckengemälden, Marmorkamine und Reliefs spiegelt es den architektonischen Stil seiner Zeit wider. Das Gebäude, das auch als Koceyen Mansion bekannt ist, wurde vermutlich 1870 von Agop Koceyan, der zu dieser Zeit ein prominenter Geschäftsmann war, als Winterresidenz erbaut.

Wenn nicht gerade Magie über die Leinwand flimmert, dann wird der Veranstaltungsort für Gala- und Premierenveranstaltungen, Präsentationen türkischer Filmmeisterwerke oder spezieller Sammlungen genutzt. Hightech und Nostalgie – hier ist ein Besuch immer ein Erlebnis.

TIPP

Noch mehr Filmstars gibt es im Wachsfigurenkabinett Madame Tussauds direkt gegenüber.

● Kuloğlu, Atlas Pasajı, Kuloğlu Mh., İstiklal Cd. No:131, 34433 Beyoğlu/İstanbul, www.atlas1948.com/en

● ÖPNV: Straßenbahn T2, Haltestelle Ağa Cami oder Galatasaray

Teetime, Jazz und Luxus

71

Pera Palace – die Perle Istanbuls

Einst erste Anlaufstelle für reiche Europäer, empfängt er heute Gäste aus aller Welt: der Pera-Palast. Er wurde im Jahr 1892 als bestes Haus am Platz von den Betreibern des Orient Express gegründet und ist heute eines der luxuriösesten Hotels in Istanbul. Pera, der frühere Name des heutigen Stadtbezirks Beyoğlu, ist ein pulsierender Stadtteil, in dem Alt und Neu zu einer perfekten Harmonie verschmelzen. Bevor man durch die Drehtür des Pera-Palastes geht, wird man vom eleganten Türsteher in Cut und Zylinder empfangen. Viel Mamor, Messing und Ebenholz prägen das Innere, in dem sich Jugendstil und Neoklassizismus vereinen. Festlich strahlende Kronleuchter, samtig bordeauxrotes Ambiente, hohe Decken und viel orientalisches Brimborium erinnern an die alte Welt, die man hier, auch ohne Hotelgast zu sein, erleben kann. Die Kubbeli Lounge ist seit Langem berühmt für ihre Teepartys. Bei sanfter Klaviermusik kann man sich hier eine Auszeit gönnen. Ilham Gencer, so heißt der Pianist der ersten lokalen Jazzband, nimmt die Gäste auf eine Reise in die Vergangenheit mit. Das Hotel beherbergt aber noch viele andere Besonderheiten. Es war das erste Gebäude mit Ausnahme des Sultanspalasts, das über Strom, fließendes warmes Wasser und einen elektrischen Aufzug verfügte. Wer also mag, kann sich vom zweitältesten Lift Europas nach oben zum Zimmer befördern lassen. Prominente Gäste wie Alfred Hitchcock, Greta Garbo oder Mata Hari und Staatsoberhäupter wie Atatürk, der Gründervater einer laizistischen Türkei, logierten hier. Atatürks Zimmer ist heute ein Ausstellungsraum, der Dokumente, Fotos und persönliche Gegenstände beinhaltet – hier traf er Entscheidungen und hielt Sitzungen ab, die die türkische Geschichte maßgeblich beeinflussten. Auch Agatha Christie war Gast, sie schrieb große Teile ihres Romans „Mord im Orient-Express“ im Hotel. Der Pera-Palast ist einen Besuch wert: Wer mag, kann sich zur Teatime oder zum Cocktail im Ambiente der Orient Bar in eine vergangene Ära zurückversetzen.

TIPP

Tee-Partys finden zwischen 15 und 18 Uhr statt. Nur mit Reservierung.

● Evliya Çelebi, Meşrutiyet Caddesi, Tepebaşı Cd. No:52, 34430 Beyoğlu/İstanbul, Tel. +90 (212) 377 40 00, www.perapalace.com

● ÖPNV: Straßenbahn T2, Haltestelle Odakule; Tünel F2, Haltestelle Beyoğlu; Metro M2, Haltestelle Şişhane; Bus 32T, 35C, 36T, 38T, 38T, 46KT, 46T, 46C, 54E, Haltestelle Şişhane

Altar am Meer

72

Die bulgarische Kirche in Balat

Am Ufer des Goldenen Horns in Balat verbirgt sich eine Erinnerung an die bulgarischen Minderheiten der osmanischen Zeit: die neugotische und neubarocke Kirche St. Stephan. Sie fällt mit ihren weit sichtbaren vergoldeten Kuppeln und ihrer reichen Außenfassade sofort ins Auge. Ihr türkischer Name ist Aziz Stefan oder Sveti Stefan, im Volksmund wird sie aber „demir kilisesi", die „Eiserne Kirche" genannt – eisern, weil als Baumaterial hauptsächlich Gusseisen verwendet wurde. Das Gotteshaus ist die einzige vollständig erhaltene Kirche, die ganz aus vorgefertigten Teilen aus Eisen konstruiert ist – eine im 19. Jahrhundert beliebte Bauweise in Großbritannien und Frankreich. Selbst die Säulen, der Balkon und die Wände im Innenraum sind aus Eisen gegossen, die aber durch ihre Bemalung teilweise mit einer Marmorverkleidung verwechselt werden können. Die einzelnen – insgesamt 500 Tonnen schweren – Bauelemente wurden in Wien zwischen 1893 und 1896 von Rudolph Philip Waagner angefertigt und über die Donau und das Schwarze Meer nach Istanbul verschifft. Geweiht wurde die Kirche im Jahr 1898 durch Josef I. dem heiligen Stephanus. Zuvor stand an dieser Stelle eine Holzkirche, die bei einem Brand zerstört worden war. Der 40 Meter hohe Glockenturm von St. Stephan verfügt über sechs Glocken, die in der russischen Stadt Jaroslaw gegossen wurden – nur zwei von ihnen haben die Zeiten überstanden. Auch die hölzerne Ikonostase im Inneren der dreischiffigen Basilika wurde in Russland in Moskau angefertigt und ist zum Goldenen Horn hin ausgerichtet. Wenn das vergoldete Eisen in dem dämmrigen Licht schimmert, das durch die Glasfenster fällt, entfaltet sich ein ganz eigener Zauber. Jetzt bleibt nur noch: die Augen schließen, die Ruhe genießen und sich dem besonderen Glücksgefühl hingeben.

TIPP

Balat und Fener sind für Pilger so etwas wie der Vatikan der Griechisch-Orthodoxen.

- Balat, 34087 Fatih/İstanbul, Tel. +90 (212) 2 48 09 21
- ÖPNV: Fähre Fener oder Balat; Straßenbahn T5 oder Bus 32T, 33ES, 35D, 36CE, 41Y, 44B, 48E, 55T, Haltestelle Fener

Im Herzen der Altstadt

73 Das Hippodrom, Arena der Spiele und Aufstände

Vergleichbar mit dem Kolosseum im antiken Rom war das Hippodrom am heutigen Sultan-Ahmet-Platz im alten Byzanz – ein Zentrum, in dem das Volk mit Spielen, Feierlichkeiten und Pferderennen bei Laune gehalten wurde. Heute ist der historische Platz im Stadtteil Fatih eine der bekanntesten Sehenswürdigkeiten, er gehört seit 1985 zum UNESCO-Weltkulturerbe. Wer über das antike Hippodrom flaniert, kann in der wunderschönen parkähnlichen Anlage noch Reste der Pferderennbahn und einige wenige Monumente aus dieser Zeit entdecken. In der osmanischen Zeit nannte man das Hippodrom „At Meydanı", den „Pferdeplatz", der sich heute etwa 2 Meter über den historischen Überresten befindet. Die Arena, in Form eines U gebaut, bot zu Zeiten von Konstantin I. auf zweistöckigen, 30 Meter hohen Tribünen Platz für rund 100.000 Menschen. Nach all den Jahrhunderten sind nur noch drei Säulen und ein Denkmal, der sogenannte Deutsche Brunnen aus dem 19. Jahrhundert, erhalten geblieben. Die Älteste der Säulen ist der ägyptische Obelisk (Dikilitaş) aus Luxor, der 390 n. Chr. vom römischen Kaiser Theodosius I. an seinem heutigen Platz errichtet wurde. Die benachbarte bronzene Schlangensäule (Yılanlı Sütun) aus dem 5. Jahrhundert stammt aus dem Apollon-Heiligtum in Delphi. Wesentlicher Bestandteil des Denkmals ist die Inschrift, die den Sieg der Poleis (Stadtstaaten) über die Perser feiert. Ein weiterer Obelisk, die gemauerte Säule (Örme Dikilitaş), stammt aus der Regierungszeit von Kaiser Konstantin VII. (913–959). Ursprünglich war die 32 Meter hohe Säule vollständig mit Kupfer- und Messingplatten verkleidet. Heute herrscht auf dem Platz das bunte Treiben der Einheimischen und Touristen. Ob Souvenirhändler, Grillstände mit Maiskolben und Esskastanien, Schuhputzer oder Simit-Wägelchen – hier spürt man noch die Vergangenheit, obwohl man in der Gegenwart lebt. Nicht weit von diesem Platz befinden sich mehrere berühmte Attraktionen. Die Hagia Sophia oder die Blaue Moschee sind nur einige von ihnen.

TIPP

Absolutes Muss: die Sultan-Ahmed-Moschee, auch Blaue Moschee genannt.

- Binbirdirek, Sultan Ahmet Parkı No:2, 34122 Fatih/İstanbul
- ÖPNV: Straßenbahn T1, Haltestelle Sultanahmet

Ruheoase und Romantik

74 Die Prinzeninseln ohne Prinz

Ruhe, kein Verkehr, lauschige Pinienwälder und eine seichte Meeresbrise – das alles klingt so gar nicht nach hektischer Großstadtmetropole. Etwa 20 Kilometer südöstlich der Stadt liegen die Prinzeninseln (Kızıl Adalar, „Rote Inseln") im Marmarameer, eine Inselgruppe aus neun kleinen Inseln. Bewohnt sind davon Büyük-, Heybeli-, Burgaz- und Kınalıada. Im Sommer und an den Wochenenden verdoppelt sich die Bevölkerungszahl, deshalb sollte man als ruhesuchender Tourist den Ausflug unter der Woche planen. Unbewohnt sind Sedef-, Yassı-, Tavşan-, Kaşık- und Sivrıada. Je nachdem, welche Insel man ansteuert, kann die Fahrt mit der Fähre bis zu anderthalb Stunden dauern. Neben den Vorzügen einer erholsamen und erfrischenden Schiffsreise kann man dabei ein überraschend neues Bild von Istanbul erhalten: Denn Autofahren ist auf den Inseln verboten. Hier bewegt man sich entweder zu Fuß, mit dem Fahrrad oder mit kleinen E-Fahrzeugen – fast wie in früheren Zeiten. Viele Villen mit wunderschönen Fassaden im viktorianischen Stil, sehenswerte Kloster und Kirchen ragen aus der grünen Silhouette heraus. Eine der beliebtesten und größten Inseln ist Büyükada, die „Große Insel". Der erste Halt der Fähre ist aber Kınalıada, eine Insel, die gut zu Fuß erforscht werden kann. Neben der modern gestalteten Moschee und der armenischen Kirche gibt es hier einige Kieselstrände, die sich perfekt für ein Sonnenbad eignen. Burgazada gewann durch Camping-Begeisterte immer mehr an Beliebtheit. Sehenswert sind hier die Kapelle, die Moscheen, eine Synagoge, ein Cem Evi (alevitisches Versammlungs- und Kulturhaus) und das ehemalige Haus des Schriftstellers Sait Faik, das heute ein kleines Museum beherbergt. Heybeliada ist ebenfalls ein beliebtes Erholungs- und Badeziel. Hier gibt es eine Reihe historischer Gebäude wie zum Beispiel das Marinegymnasium oder das Sanatorium. Die bedeutendste Sehenswürdigkeit aber ist das Kloster Hagia Triada. Die Inseln sind ideale Ziele für Tagesausflüge.

TIPP

Traumhafte Kulisse: das Eskibağ Teras Restaurant auf der Großen Insel, Tel. +90 (216) 3 82 38 20.

● Man kommt nur mit der Fähre zu den Inseln.

Mit allen Sinnen

75 Entspannen im türkischen Bad Cağaloğlu

Kopf aus – Entspannung an! Der Hamam, das türkische Bad, ist eine jahrhundertalte Tradition, die für Körper und Seele ein unvergleichliches Wohlfühlerlebnis verspricht. Das direkt neben der Yerebatan-Zisterne gelegene Cağaloğlu Hamamı ist eines der schönsten Bäder der Stadt. Mehrfach diente die Badeanstalt schon als Filmkulisse. Berühmte Persönlichkeiten wie Kaiser Wilhelm, Franz Liszt und Hollywood-Größen wie Tony Curtis und Cameron Diaz ließen ein historisches Dampfbad nicht aus. Das Cağaloğlu Hamamı ist sogar das einzige türkische Bad, das es in die Liste „1000 Places To See Before You Die" der New York Times geschafft hat. Im quirligen Stadtteil Sultanahmet wurde der Bau des Bades 1741 von Sultan Mahmut I. in Auftrag gegeben. Mit der Kombination aus osmanischem Baustil und Barockelementen ist es der letzte Hamam, der zu Zeiten des Osmanischen Reichs gebaut wurde. Die Waschungen, Peelings und Massagen erfolgen für Männer und Frauen in separaten Bädern. Einst galt der Hamam als Ort für wichtige Treffen: So haben Mütter gerne mal die potenziellen Schwiegertöchter prüfend in Augenschein genommen. Männer wickelten hier ihre Geschäfte ab. Heute steht bei einem Besuch in einem orientalischen Dampfbad besonders eines im Vordergrund: das Schrubben, Schwitzen und Schwatzen. Aufgeteilt ist der traditionelle Hamam in drei Räume: Vom „camekan", der Umkleidekabine, die sich rund um den Marmorbrunnen des Empfangsraums befindet, geht man mit seinem peştemal (Tuch) in den „soğukluk", den Vorbereitungsraum. Dort wird die Haut durch die Luftfeuchtigkeit und die Wassergüsse geschmeidig. Danach geht es in den Heißluftraum (hararet) – quasi das Herz des Hamams. Unter einer großen Kuppel liegt man auf den „göbek taş", der beheizten Marmor-Plattform, und ist für die Waschung bereit. Wer das Basic-Paket gebucht hat, wird zunächst mit dem Rubbelhandschuh (kese) geschrubbt, danach gibt es von Kopf bis Fuß eine Schaummassage, bei der man im wahrsten Sinne des Wortes auf „Schaumwolken" schwebt.

TIPP

Sündhaft teuer, sündhaft gut: Das Restaurant 1741 Lokanta befindet sich mitten im Hamam.

- Alemdar, Prof. Kazım İsmail Gürkan Cd. No:34, 34110 Fatih/İstanbul, Tel. +90 (212) 522 24 24, www.cagalogluhamami.com.tr/tr
- ÖPNV: Straßenbahn T1, Haltestelle Sultanahmet oder Gülhane Istasyonu

Endstation Glück

76

Aussichtsterrasse der Hamid-i-Evvel-Moschee

Anadolu Feneri ist ein kleines, charmantes Dorf in Beykoz, benannt nach dem Leuchtturm. Es liegt auf einer kleinen Halbinsel zwischen den Buchten Çakaltepe und Kabakoz und ist die letzte Station vor der Ausfahrt zum Schwarzen Meer. Bis Ende der 1980er-Jahre war es Militärgebiet. Durch Meliha Elçioğlu, die bisher erste und einzige weibliche Gemeindevorsteherin des Dorfes, wurde das Gebiet teilweise aus dem Status einer Militärzone befreit. Bis dahin durften nur die Bewohner und ihre Verwandten die Region betreten. Heute erinnern einige Atatürk-Denkmäler, die vom Militär errichtet wurden, an diese Zeit. Eine der Besonderheiten von Anadolu Feneri ist, dass es die letzte Bucht am Ausgang des Bosporus ist. Wälder und Felsenküsten säumen dort den steinigen Kieselstrand – selten ist der Strand überfüllt. Die meisten Besucher tummeln sich im Juli und August in diesem Küstengebiet. Die Bewohner führen ein recht bescheidenes Leben abseits der Urbanisierung. Sie verdienen ihren Lebensunterhalt hauptsächlich durch Fischerei, Viehzucht und Gemüseanbau. Daher schätzen die Istanbuler Stadtmenschen das ruhige Dörfchen – besonders seiner Unberührtheit und der schönen Natur wegen. Ein weiterer besonderer Ort ist die Hamid-i-Evvel-Moschee auf den Kliffhängen. Zwar hat die im Jahr 1880 erbaute Moschee keine bemerkenswerten architektonischen Merkmale, dafür aber hält der Aussichtsbalkon einen grandiosen Ausblick und damit einen echten Augenschmaus bereit. Gleich neben ihr – am Kap Yon (Hrom) an der klippenreichen Küste – befindet sich der Leuchtturm Anadolu Feneri. 1834, während des Krimkrieges, wurde beschlossen, einen Leuchtturm zu bauen, um die Kontrolle der britischen und französischen Schiffe auf der Meerenge sicherzustellen. Davor soll es schon einen hölzernen Leuchtturm gegeben haben, doch Genaueres ist nicht bekannt. Wenn die Städter nicht gerade an diesem traumhaft idyllischen Plätzchen schwimmen, kommen sie auch gern zum Wandern, Angeln oder Picknicken hierher.

TIPP

Çakır & Karvan Restaurant direkt am Strand in der Nachbarstadt Poyraz.

- Anadolufeneri, Cami Çk. No:19, 34829 Beykoz/İstanbul
- ÖPNV: Bus 15D, Haltestelle Anadolu Feneri

Feenschloss am Wasser

77

Das rote Perili Köşk

Wer von Süden in Richtung Emirgan fährt, sieht es schon von Weitem direkt am Ufer des Bosporus stehen: das Yusuf-Ziya-Pasha-Haus, auch bekannt unter dem Namen Perili Köşk oder Haunted Mansion, das Feen- beziehungsweise Geisterhaus. Mit seinen roten Backsteinen und dem prächtigen Turm ragt das märchenhaft anmutende Gebäude zwischen der Rumeli-Festung und der Fatih-Sultan-Mehmet-Brücke hervor. Sein Bau begann um 1910 herum. Als jedoch 1914 der Erste Weltkrieg ausbrach und sich das Osmanische Reich dem Konflikt anschloss, mussten alle Bauarbeiter ihre Arbeit aufgeben und in die Armee eintreten. Dadurch kam der Bau des zehnstöckigen Gebäudes zum Erliegen und das Haus blieb jahrelang leer. Das brachte ihm in der örtlichen Gemeinde den Namen „Geisterhaus" ein. Allerdings gehen seit der Unterbrechung so allerlei Mythen um. Einem Gerücht nach besucht der Geist von Yusuf Ziya an manchen Abenden die Villa. Später, von 1995 bis 2000, gestaltete der türkische Architekt Hakan Kıran den Bau und die Renovierung, sodass das Spukhaus im Stadtteil Sarıyer endlich fertiggestellt werden konnte. Das Gebäude fasziniert insbesondere durch seine Doppelfunktion: Während es unter der Woche als Büro der Borusan Holding Company fungiert, dient es an Wochenenden als Museum für moderne und zeitgenössische Kunst. Unter Beibehaltung des äußeren Erscheinungsbildes des Schlösschens wurden die Innenräume so angeordnet, dass sie ein modernes und geräumiges Geschäftsumfeld bieten und zugleich als Galerie genutzt werden können. Auf jedem seiner Stockwerke sind Kunstwerke ausgestellt. Die Ausstellungen werden von national und international bekannten Kuratoren organisiert. Es gibt Werke der Malerei, Skulptur, Fotografie, Videoart und der Neuen Medien. Unter den Fotografien sind zum Beispiel auch Arbeiten von Nuri Bilge Ceylan, einem der renommiertesten türkischen Filmregisseure. Allein schon das pittoreske Gebäude lohnt den Besuch – der Blick von der Dachterrasse reicht bis zum Schwarzen Meer.

TIPP

Das Museumscafé befindet sich im 2. Stock – eine herrliche Lage mit Blick auf den Bosporus.

● Baltalimanı Hisar Cad. Perili Köşk No:5 34470, Rumelihisarı / Sarıyer İstanbul, Tel. +90 (212) 3 93 52 00, www.borusancontemporary.com/tr

● ÖPNV: Bus 22, 22RE, 25E, 40, 40T, 42T, Haltestelle Rumeli Hisarı

BUBA'S

Versteckter Hinterhof

78

Café im majestätischen Dolmabahçe-Palast

Man übersieht sie leicht und muss eigentlich von ihnen wissen, um sie zu finden. Oder aber man hat Glück und trifft sie per Zufall: versteckte Orte, grüne Oasen und entspannte Rückzugsorte, die irgendwo im Gewusel Istanbuls verborgen sind. Man findet sie entweder abseits der Innenstädte oder mittendrin versteckt hinter den Fassaden großer Bauten. Eine Auszeit an einem echten Rückzugsort bietet das Limonluk-Café. Obwohl es sich nur ein paar Schritte vom sehr belebten Viertel Akaretler in Beşiktaş entfernt befindet, ist vom Tempo der Stadt dort kaum etwas zu spüren. Wer das Café finden will, muss sich zunächst zum Dolmabahçe-Palast, dem „Palast der vollen Gärten", begeben. 1856 vo den armenischen Architekten Karabet und Nikoğos Balyan errichtet, löste der Prachtbau bald den weitgehend mittelalterlich geprägten Topkapı-Palast als Sultanresidenz ab. Beim Bau des riesigen Palastes im europäischen Stil wurde an Gold, Marmor und Kristallen nicht gespart. Exklusive Möbel aus Paris und Prag schmücken die prunkvollen Hallen und Gemächer des Dolmabahçe Sarayı. In einem der Zimmer befindet sich auch das Sterbebett Mustafa Kemal Atatürks, des Gründers der modernen türkischen Republik. Mit der Aufhebung des Kalifats wurde nach der Ausrufung der Republik der Palast als Präsidentenresidenz von Mustafa Kemal Atatürk genutzt. Der versteckte Ruheplatz findet sich jedoch nicht in den prunkvollen dekorierten Sälen, sondern in einem Hinterhof. Das an einen gemütlichen Wintergarten erinnernde Café Limonluk war einst das Gewächshaus des Dolmabahçe-Palastes. Erst kürzlich wurde es in ein elegantes Café umgewandelt, gleich neben dem Kunst- und Gemäldemuseum. An schönen Tagen sind die Plätze unter den Magnolienbäumen mit Blick auf den kleinen Pool mit den darin schwimmenden Schwänen sehr begehrt – der perfekte Platz, um für ein Stündchen die Seele baumeln zu lassen. Frisch gestärkt und nach einer Portion Kunst und Geschichte geht es dann wieder mitten hinein ins Istanbuler Leben.

TIPP

Schön ist auch die Teestube Şeker Ahmet Paşa im Gemäldemuseum – mit atemberaubender Aussicht.

● Vişnezade, Dolmabahçe Cd., 34357 Beşiktaş/İstanbul, Tel. +90 (212) 236 90 00
● ÖPNV: Bus 22, 22B, 25E, 26, 26A, 26B, 27E, 27SE, Haltestelle Akaretler; Sammeltaxis BSK1, BKS2, D31, D36, D62; Fähre Beşiktaş oder Kabataş; Straßenbahn T1, Haltestelle Kabataş

Grün macht glücklich!

79 Der Istanbuler Golfclub

Golf spielen und die Großstadtmetropole – passt das überhaupt zusammen? Ja, und dass, obwohl der Golfsport in der Türkei bisher wenig verbreitet ist. Wer bei seinem wohlverdienten Urlaub sportlich aktiv sein und das Golfspielen einfach mal ausprobieren möchte, findet tatsächlich in Istanbul zwar wenige, aber dennoch reizvolle Plätze, auf denen dieser Sport gepflegt werden kann. Der Istanbul Golf Club (Istanbul Golf Kulübü) ist mit seinen rund 130 Jahren eine der ältesten Golfanlagen Europas. Der Ataşehir Golf Club ist erst der dritte in Istanbul, aber auch der einzige und erste auf der anatolischen Seite der Stadt, 2017 gegründet. Er ist ein gutes Beispiel dafür, dass Golfplatz und Großstadt tatsächlich zusammenpassen. Mitten in Ataşehir liegt der idyllische 6-Loch-Stadtgolfclub auf rund 50 Hektar Land. Die Anlage wurde im Frühjahr 2018 in Betrieb genommen, mit zwei Indoor- und Outdoor-Trainingsbereichen sowie Drivingrange und einem Chipping-Bereich (Übungsanlage mit Übungslöchern). Die Anlage ist vor allem für ihre Elite- und Meistergolfer bekannt. Auf dem Feld, das wie eine Oase mitten in der Stadt liegt, werden verschiedene Turniere ausgetragen. Mit drei Golflehrern begann das Training verschiedener Altersgruppen, gleichzeitig trafen sich Kinder und Jugendliche aus den umliegenden staatlichen Schulen und wurden an den Golfsport herangeführt. Hier sind alle willkommen, auch diejenigen, die keine Mitgliedschaft haben. Übrigens: Erst mit den Gesetzen der neuen türkischen Republik wurde auch den türkischen Staatsbürgern eine Mitgliedschaft ermöglicht. Ob professionell oder auf Anfänger-Niveau: Heute spielen Einheimische und Besucher in Istanbul gleichermaßen gern Golf. Weit entfernt vom Trubel, ohne Geräuschpegel und mit viel Ausblick ins Grüne – das ist pure Entspannung. Gleichzeitig ist Golf ein Rundum-Vergnügen. „Wenn du Zuschauer bist, ist es ein Spaß, wenn du spielst, ist es Entspannung, wenn du daran arbeitest, ist es Golf", sagte einst Bob Hope, damit wird er wohl recht haben.

● Ataşehir Atatürk, Atapark Cd., 34758 Ataşehir/İstanbul, Tel. +90 (216) 412 32 42
www.atasehirgolf.com
● ÖPNV: Bus 16M, 19M, Atapark Caddesi

Dem Himmel so nah

80 Über den Dächern im 16 Roof

Die Sterne zum Greifen nah, das Irdische weit unten, dazu ein kühles Getränk in der Hand und Musik im Ohr: Locations unter freiem Himmel gehören zu den Höhepunkten im Urlaub, ganz besonders bei einem Städtetrip. Einen der schönsten Ausblicke über die Dächer der Großstadt hat die Rooftop-Bar im Luxushotel Swissôtel – The Bosphorus zu bieten. Um sich hier ein bisschen wie auf Wolke sieben zu fühlen, muss man aber gar kein Hotelgast sein. Eine Reservierung ist dennoch empfohlen, wenn nicht sogar notwendig. Auch ein Dresscode ist zu befolgen. Aber keine Angst vor strengen Garderobieren, es wird keiner am Eingang stehen und jemandem eine Krawatte um den Hals schlingen. Erwünscht ist der Smart-Casual-Look – ein Mix aus legerer und gehobener Alltags- sowie Businessbekleidung. Egal, ob man sich nun bei einem eiskalten Bier entspannen oder Spaß haben und den Abend durchtanzen möchte: Dachterrassen haben den Vorteil, dass sie sich gleich für verschiedene Anlässe eignen. Die mehrstöckige und luftige Rooftop-Bar bietet reichlich Platz, man sitzt auf gemütlichen Sitzmöbeln oder an der Bar und kann, während man am Cocktail nippt, auf das atemberaubende Panorama blicken. Das Hotel liegt mitten in einem wunderschönen 263.000 Quadratmeter großen historischen Garten und wird von der Schweizer Hotelkette Swissôtel Hotels & Resorts geführt. Im Jahr 1989 erbaut, öffnete das Hotel zwei Jahre später seine Tore der ganzen Welt.

Hat man den Stadtbummel in Akaretler erst mal hinter sich gebracht und ist müde vom Sightseeing, wird es Zeit, den Abend ausklingen zu lassen. Noch bevor die Sonne untergeht, sollte man hier eintreffen. Denn spätestens dann, wenn die rote Sonne im blauen Meer versinkt, fliegen die Glücksgefühle hoch in den Himmel. Neben guten Drinks ist auch für das leibliche Wohl gesorgt: Von traditionell türkischer über peruanische und Nikkei-Küche bis zu grandiosen Desserts bleiben keine Wünsche offen. Jetzt kann der Tag enden, wir sind ganz auf Glück programmiert!

TIPP

Das 16 Roof ist während der Sommersaison von Mai bis Oktober geöffnet.

● s/16 ROOF, Visnezade Mah. Acısu Sok. No. 19 Maçka, Beşiktaş, 34357 İstanbul, Tel. +90 (212) 326 11 00
www.swissotelthebosphorus.com/de/speisen-und-getraenke/16-roof/
● ÖPNV: Bus 26, D32, Haltestelle Ihlamur

Danke ...

an alle, die mich bei meinen Recherchen und der
Entstehung des Buches unterstützt haben.
Vielen Dank an meine Familie Faik A., Hatice und Onur Kabukçu.
Gözde Güven und Ayça Ablam – ohne euch hätte ich
bestimmt manches übersehen.
Ein ganz besonderer Dank geht an Büşra R. Yılmaz – mein Anker,
mit dem ich nie aufhören möchte zu träumen ...
Du bist mein ganz persönlicher Glücksort!

Teşekkür ederim!

Bibliografische Informationen der Deutschen Nationalbibliothek
Die Deutsche Nationalbibliothek verzeichnet diese Publikation in der Deutschen Nationalbibliografie; detaillierte bibliografische Daten sind im Internet über http://dnb.d-nb.de abrufbar.

Konzeption/Satz: Droste Verlag, Düsseldorf
Einbandgestaltung und Illustrationen: Britta Rungwerth, Düsseldorf, unter Verwendung von Bildern von © Fotolia.com: jd - photodesign.de; © iStock: Plociennik Robert
Fotos: Özge M. Kabukçu, außer:
S. 89: Cahide Palazzo; S. 125: Beyzade; S. 157: © sayilan - stock.adobe.com; S. 167: © DenisMArt - stock.adobe.com

MIX
Papier aus verantwortungsvollen Quellen
FSC® C011279
FSC www.fsc.org

Druck und Bindung: LUC GmbH, Greven
ISBN 978-3-7700-2340-0

www.droste-verlag.de